북유럽의 집

스칸디나비아의 건축 · 디자인 · 공간의 미학

북유럽의 집

스칸디나비아의 건축 · 디자인 · 공간의 미학

토마스 슈타인펠트
욘 슈타인펠트 지음
배명자 옮김

한스미디어

차례

6	서문: 전원과 현대성	72	빛, 공간 그리고 여백
		73	빌라 드레브비켄_부드럽게 휘어진 파노라마
12	들어가며: 북유럽의 라이프스타일	78	공간 배열과 레이아웃
14	스칸디나비아 양식의 탄생	79	빌라 위그네_해변 뒤의 탑
16	필수조건과 전통	84	공간구조, 배치, 빛
17	빌라 포뢰_초원 위의 집	88	타운하우스 란스크로나_구시가의 길쭉한 집
24	모던 라이프스타일의 레퍼토리	96	안과 밖의 관계
25	빌라 헤스츠크유첸_변함없는 현대성	97	군도 후사뢰_해안의 각도에 맞춰
30	북유럽 양식의 기본요소	104	공간과 기능: 북유럽 국가의 건축과 주거
31	빌라 팡구스_카탈로그 속의 자유	105	빌라 플루스_해안가의 나무줄기처럼
36	공간의 질서와 배열	114	주방과 식탁
37	빌라 뷔_바위 위의 나무집	115	빌라 에드그렌_네모난 상자 두 개
44	주거 요소	120	거실
47	빌라 록카르프_호숫가의 기다란 세 집	121	빌벵엘린_옛것과 새것
58	스칸디나비아의 걸작과 북유럽의 고전주의	126	기능공간과 부속공간
59	빌라 율_목공 예술	127	로프트 P_로프트와 기울기
66	색상		
67	빌라 윅슬란_예산의 사치		

- 131 **북유럽을 위한 소재**
- 132 **나무**
- 134 **돌**
- 136 **유리**
- 137 **직물**
- 138 **합성수지**

- 139 **스칸디나비아 양식의 몇 가지 물건**
- 140 **벽에 거는 소품**
- 142 **앉을 수 있는 소품**
- 144 **보이는 소품과 보이지 않는 소품**
- 145 **공간을 밝히는 소품**
- 146 **움직이는 소품**
- 147 **듣는 소품**

- 148 **맺는말: 무대가 있으니 누군가는 올라야 한다**
- 149 빌라 난베르가_소박과 대담이 동시에

- 154 **부록**
- 154 건축가 및 디자이너 주소
- 155 생산자 및 관계자, 박물관 주소
- 158 인테리어 가구 및 소품 출처
- 159 사진 출처

서문: 전원과 현대성

스웨덴과 핀란드의 해안가나 호숫가 주변은 대부분 평지 위에 숲이 우거졌고 곳곳에 절벽이 있다. 섬, 낭떠러지, 물에 씻긴 바위들로 둘러싸인 수많은 만곡을 품은 해변에는 소나무, 가문비나무, 자작나무, 참나무들이 즐비하다. 끝을 알 수 없는 깊은 숲과 발트해에 떠 있는 여러 섬들이 자아내는 풍경은, 아름답지만 조금 차가운 인테리어와 폐쇄된 자연의 거대한 내부를 연상케 한다. 지평선도 수평선도 보이지 않는다. 보이는 거라곤 나무와 섬뿐이다. 제한된 시야는 진짜 자연에 다다르지 못하고 번번이 장애물에 부딪히고 만다.

2~3쪽에 실린 사진은 스웨덴 스몰란드의 작은 도시 베르나모 근처에 있는 비되스테른 호숫가이다. 사진작가 오케 에손 린드만Åke E:son Lindman이 촬영한 것인데, 그의 등 뒤에 집이 한 채 있다. 6~7쪽에 소개된 이 집은 2차 세계대전 이후 스칸디나비아에서 가장 유명한 가구디자이너이자 건축가인 브루노 마트손Bruno Mathsson이 1960년대 중반에 자신과 아내를 위해 직접 설계한 것이다. 세 개의 공간으로 이루어져 있고 규모는 크지 않다. 지역 장인들의 손길로 완성된 이 집은 언뜻 보면 길쭉한 사각형에 삼각지붕을 올린 듯 매우 단순해 보인다. 호수 쪽으로 난 거실의 서쪽 면은 바닥에서 지붕까지가 모두 유리이고 북쪽은 두꺼운 벽이다. 집의 척추 구실을 하는 이 벽에는 개방형 벽난로와 벽장이 있고 벽장 안에는 집주인의 온갖 물건들이 들어있다. 집 한가운데에 부엌과 욕실(여기에도 벽장이 있다)이 있고 주름진 흰색 반투명 아크릴판 지붕으로 햇빛이 들어와 내부가 더욱 환하다.

평면도

브루노 마트손의 작은 빌라는 포르투갈에 있는 별장을 제외하면 그가 지은 마지막 집이다. 그동안의 그의 건축구조는 창조적이었을 뿐 아니라 스칸디나비아 건축전통에 대한 기능주의적 해석 또한 현대적이면서 경제적이었다. 그만큼 브루노 마트손은 관습에 저항하며 매번 자신만의 새로운 건축구조를 증명해야 하는 일에 지쳤을 것 같다.

가구는 브루노 마트손의 작품들로 구성했다.
의자: **에바**Eva(왼쪽),
라운지체어: **페르닐라**Pernilla
(오른쪽, 사진 가운데),
회전의자: **젯슨66**Jetson 66
(오른쪽, 맨 뒤),
책장: **미1050**Mi1050

지어진 지 거의 50년이나 지난 집이지만 시대에 뒤떨어진 느낌이 전혀 나지 않는다. 그것은 단순한 건축구조, 유리벽, 그리고 간소한 인테리어 덕분이다. 마트손이 직접 디자인한 가구들, 예를 들어 나무와 까끌까끌한 캔버스 천으로 만든 라운지체어 **페르닐라**Pernilla, 책장 **미1050**Mi1050, 자동차 뒷좌석을 연상케 하는 소파들의 힘이기도 하다. 이 가구들의 실용성과 억지스럽지 않은 합목적성이 집을 더 현대적으로 보이게 한다. 이곳에는 전원과 현대성이 공존한다.

복도는 5미터가 채 안 된다. 이 복도를 지나야 집 안으로 들어갈 수 있다. 반투명 아크릴판 채광창으로 빛이 들어와 복도를 골고루 밝힌다.

브루노 마트손은 단순한 구조를 으뜸으로 여겼고 그것을 이 집에 실현했다. 콘크리트와 바닥재 사이에 전기 난방을 설치하여 별도의 난방기구를 생략했고 방 이외의 기능공간, 특히 욕실과 부엌을 한 곳에 집중시킴으로써 수도관 길이를 최소화했다. 유리를 바닥에 직접 세워 유리벽을 만들었는데, 가스를 주입한 삼중강화유리가 뛰어난 단열효과를 낸다. 활짝 열리는 창문은 없다. 통풍과 환기는 창문 위쪽을 앞으로 기울여 한다. 브루노 마트손은 자신이 설계한 이 유리벽 구조를 '브루노 창유리Bruno Pane'라는 이름으로 특허를 냈다.

들어가며: 북유럽의 라이프스타일

집에 들어서는 순간 첫눈에 어떤 세계에 발을 들여 놓았는지 알 수 있다. 집 안에는 물건이 거의 없고 그나마 있는 물건들의 형태는 매우 단순하다. 가구와 인테리어 소품들은 수십 년간 기본적인 요소로 통했던 것들이고 색상과 배치 역시 고정된 레퍼토리에서 벗어나지 않는다. 실내는 환하고 온통 흰색이지만 아늑함을 해치지 않는다. 전체가 깔끔한 조화를 이루고 무질서라고는 조금도 찾아볼 수 없다. 인테리어에서 여유로운 소박함과 우아한 겸손이 느껴진다. 일반인도 한눈에 알아볼 수 있는 바로 이것이 북유럽 양식이다. 북유럽 양식은 덴마크, 노르웨이, 스웨덴, 핀란드에 둥지를 틀었다. 북유럽 양식이 곧 스칸디나비아 양식인 것이다.

이 양식의 근원을 설명하려는 다양한 시도가 있었다. 가령 숲과 물, 황량한 자연과 긴 겨울, 낮은 인구밀도와 프로테스탄트 유산이 이 양식을 낳았다고 보았다. 실제로 이런 동기들이 발견되고 종종 과하게 두드러지기도 한다. 그러나 이것만으로는 이 양식 전체를 설명하지 못한다. 건축과 디자인에 담긴 생활양식과 사회질서의 한 단면을 전달할 뿐이다. 이 양식을 정의하려 애쓰기보다 차라리 역사적으로 접근하여 옛 모델의 전승으로 이해하는 편이 더 쉬울 듯하다.

먼저 19세기 후반에 영국의 미술공예운동Arts and Crafts Movement이 있었다. 이 운동은 아름다우면서 실용적인 가구들로 인테리어를 간소화하고 질서, 대칭, 균형의 경험을 통해 보다 간소한 생활과 보다 넓은 정신으로 사람들을 안내하고자 했던 민주적 라이프스타일의 이상에 몰두했다. 그 다음 1920년대에는 다소 급진적인 기능주의를 표방한 바우하우스Bauhaus가 있었다. 그들은 사물의 본질이 추상적(대부분 기하학적)인 형태 안에 있다고 믿었다. 바우하우스 이후로 가장 단순한 건축물, 즉 지붕과 바닥이 있는 네모난 공간이 가장 세련된 건축물을 상징하게 되었다. 그리고 마지막으로 1950년~1960년대에 미국에서 시작된 국제건축양식International Style이 있는데, 이것은 균열된 전 세계를 과학기술현대화로 통합하고자 했다.

여느 국가에서는 근대의 이런 문화운동들이 교육받은 사람들이나 지성인들의 전유물로 머물렀던 반면, 스칸디나비아 국가들에서는 개인과 사회의 진보와 혁신을 향한 이런 변화가 모든 국민들로부터 대대적인 환영을 받았다. 그 까닭은 여러 가지인데, 우선 사회적으로 깊이 자리한 프로테스탄티즘을 꼽을 수 있다. 프로테스탄티즘은 모든 장식을 불필요한 잉여이자 잘못으로, 심지어 버려야 할 악으로 보았다. 두 번째는 고전주의인데, 이 사조는 18세기 후반 스웨덴 국왕 구스타프 3세 시대에 국민양식이 되어 오늘날까지 그렇게 인정받고 있다. 그리고 주거에서 여가시간까지 전 국민의 라이프스타일을 자유, 진보, 정의로 혁신하고자 했던 사회민주주의 운동도 빼놓을 수 없다.

그렇다면, 스칸디나비아 사람들의 독특한 사고방식은 어디에서 왔을까? 대답은 하나뿐인 듯싶다. 땅은 넓고 거주민은 적은데다 사계절 대부분이 을씨년스럽기 때문에 스칸디나비아 사람들에게 집은 매우 큰 의미를 지닌다. 남유럽 국가에서 집은 사회적 활동을 위한 출발점이지만 스칸디나비아 국가들에서 집은 삶을 위한 진정한 공간이자 가장 중요한 목표점이다.

스칸디나비아 사람들이 인테리어와 디자인에 얼마나 큰 관심을 쏟는지는 유명잡지들과 'Bo01(말뫼)'이나 'Bo12(스톡홀름)' 같은 자국민을 대상으로 하는 인테리어 및 건축박람회만 봐도 알 수 있다.

안락함은 개별 소품에서 생기지 않는다. 바닥에서 천장까지 모든 공간의 인테리어가 어우러져 안락한 분위기를 자아낸다. 스칸디나비아의 안락함은 단순한 구조, 절제된 도안, 은은한 색상 그리고 장식의 생략에서 나온다.

스칸디나비아 양식의 탄생

스칸디나비아의 미니멀리즘 걸작:
폴 키에르홀름Poul Kjaerholm이 디자인한 의자 **PK22**와 탁자 **PK61**

스칸디나비아 양식의 인기는 역사의 흐름 속에서 파도처럼 다른 국가들로 번졌다. 1900년 직후, 스웨덴의 국민화가 칼 라르손Carl Larsson이나 교육사상가 엘렌 케이Ellen Key가 추구했던 이상적인 생활양식이 근대 초기의 건축혁신사상과 결합하면서 첫 번째 파도가 유럽대륙을 덮쳤다. 두 번째 파도는 1950년대 후반과 1960년대에 덴마크와 스웨덴의 근대건축이 생활 및 인테리어 양식의 진수로서 전성기를 맞았을 때 서구사회로 밀려왔다. 세 번째 파도는 1990년대에 모든 서구사회가 세계화의 영향을 인지하기 시작하면서 근대기의 이상이 다시 사랑을 받았을 때 일기 시작했다. 변화와 전통, 새것과 익숙한 것, 진보와 역사보존, 그것은 모순성을 내포한 '지나간 미래'였다. 실제로, 오늘날 대부분의 스칸디나비아 디자인에는 1980년대에 등장하자마자 주목을 받았고 그 후로 줄곧 지위를 유지하고 있는 전위예술의 표현이 내포되어 있다.

어디든 빠지지 않고 등장하고 여러 변형으로 발전한 폴 헤닝센Poul Henningsen의 **PH램프** PH-Leuchte는 1926년에 만들어졌고 알바 알토 Alvar Aalto의 유명한 의자 **파이미오41** 41 Paimio은 1931년에 처음 등장했다. 그리고 그에 못지않게 유명한 브루노 마트손의 의자 **에바**는 1933년에 탄생했다. 이 모든 걸작들이 2차 세계대전 이전의 기능주의에서 나왔다. 기능주의는 독일이나 앵글로색슨 국가들보다 스칸디나비아 국가들에서 더욱 뚜렷이 드러났다. 소파나 서랍장 혹은 옷장이 아니라 의자에서 스칸디나비아 양식이 명확했던 데는 나름의 까닭이 있다. 공장에서 대량으로 생산된 첫 번째 가구가 의자였고 19세기 말엽에 벌써 스칸디나비아에서는 숲이 많은 지역에 의자공장이 있었으며 침대, 탁자, 의자의 배치로 인테리어가 시작되었기 때문이다. 뿐만 아니라 의자는 사회적 지위, 관계, 서열을 표현하기 때문에 그 어느 것보다 중요한 인테리어 가구이다. 의자는, 적어도 서구 사회에서 라이프스타일을 정의한다.

사람들은 스칸디나비아 양식을 일반화하여 기능적이라고 말한다. 기능주의에서는 합목적성, 단순성, 도구성이 중요하다. 그러나 주거에서의 기능주의는 그렇게 단순하지가 않다. 집과 기능은 분리할 수 없는데, 집에는 기능이라는 것 자체가 없기 때문이다. 집은 서로 보충하거나 충돌하면서 공존하는 수많은 요구사항들을 종합해야 한다. 그러나 여러 갈래로 나뉜 수많은 요구사항들을 설계도에 담을 때 비로소 개별 공간의 기능이 생겨난다. 즉, 요구사항들이 구체적으로 해석된다는 뜻이다. 달리 표현하면, 스칸디나비아 양식의 특징은 단순성이 아니라 단순성의 요구에 응답하는 것이다. 둘은 결코 같은 말이 아니다.

폴 헤닝센의 **PH램프** 변형

알바 알토의 **파이미오41**

브루노 마트손의 **에바**

필수조건과 전통

1920년대 초에 스칸디나비아 국가들에서 여러 가구 걸작들이 탄생했다. 그러나 그런 걸작들은 다른 국가에서 하듯, 찰스&레이 임스Charles & Ray Eames나 바우하우스처럼 개인이나 학파에 귀속되지 않고, 보다 진보적인 의미에서 공동의 재산으로 인식되었다. 물론 스칸디나비아 디자인의 영웅으로 불리는 디자이너들도 있다. 알바 알토, 아르네 야콥센Arne Jacobsen, 브루노 마트손이 그들인데, 이들은 모두 20세기 초에 등장했고 19세기의 미하엘 토넷Michael Thonet을 제외하면, 작품과 동일시되는 첫 가구디자이너들이다. 그리고 스웨덴 산업디자인협회(특히 1920년대부터) 혹은 라이프스타일을 선도하고 안락한 주거를 공익으로 여기는 유명한 가구점들(1927년에 생긴 코펜하겐의 '보', 1924년에 생긴 스톡홀름의 '스벤스크트 텐')이 있다. 뿐만 아니라 합목적성을 추구하고 가볍고 아름다운 주거를 지향하는 시민단체들도 있다. 이들이 지향하는 주거는 새로운 라이프스타일로 선전되고 대중잡지들의 지지를 얻는다. 스칸디나비아 디자인은 이른바 국민운동이다. 독일의 바우하우스나 네덜란드의 기능주의 같은 동시대의 다른 운동과는 차원이 다르다. 비록 작고 산발적인 운동이지만 효과가 매우 크다. 스칸디나비아 디자인이 오늘날까지 널리 국민들의 사랑을 받고 스칸디나비아의 모든 네 국가에서(아이슬란드까지 포함하면 다섯 국가에서) 자국의 건축과 디자인에 그토록 관심이 높은 까닭은 미학적 요구와 사회적 개혁을 성공적으로 연결했기 때문이다.

깊은 전통을 바탕으로 형성된 독일이나 영국의 주거양식과 달리, 스칸디나비아 양식은 전통의 파편에서 생겨나지 않았다. 깨야 할 전통도 소파, 커튼, 침구에 맞서는 인테리어 저항도 없었다. 기껏해야 미미한 전통으로부터의 미학적·사회적 해방이었다. 알바 알토나 브루노 마트손은 확실히 독일을 비롯한 이웃국가들의 과격한 기능주의에 큰 호기심을 가졌다. 하지만 그들은 기능주의의 사각형 이상을 그냥 받아들이지 않았다. 인간에게 맞추고 자연 소재에 담았다.

스칸디나비아 양식에서 단순함은 이상인 동시에 경제적 필수조건이다. 북유럽 양식이 성공한 가장 중요한 요소는 소박함이다. 강철관 다리에 플라스틱 좌판을 얹은 찰스&레이 임스의 **플라스틱 사이드 체어 시리즈**Plastic Side Chair도 분명 걸작이지만 이것은 지위상징이 되어 주로 대저택과 고급아파트를 소개하는 유명잡지에 단골로 등장한다. 반면 섬세함이 돋보이는 아르네 야콥센의 합판의자들(특히 **시리즈7**Serie 7 모델) 역시 대단한 걸작이지만 주로 공공건물이나 소박한 인테리어 주택에, 그리고 중산층을 위한 디자인 잡지에 등장한다. 두 작품의 가격은 비슷하지만 전달하는 메시지는 많이 다르다.

아르네 야콥센의 가구들은 마치 원래부터 북유럽의 집에 속했던 것처럼 자연스럽게 어울린다.
의자: **계란의자**Das Ei, 소파: **시리즈 3300**, 식탁의자: **시리즈 7** 중에서 3107

빌라 포뢰 Villa Fårö — 초원 위의 집
LLP 건축사무소

위치	스웨덴 고틀란드 포뢰섬
건축주	모르텐 팔메 Mårten Palme, 마리아 팔메 Maria Palme
완공	2008년
연면적	115㎡
대지면적	108㎡

이 여름별장은 발트해 인접도시 고틀란드의 북쪽에 위치한 포뢰섬에 초원과 목장, 그리고 낮은 초목과 함께 서 있다. 섬 전체가 자연보호구역이라 건축이 최대한 자제되어 유서 깊은 초원이 고스란히 남아 있다.

스톡홀름에 자리한 LLP 건축사무소는 포뢰섬에서 흔히 볼 수 있는 축사를 모방하여 나무판을 잇댄 목조 주택을 설계했다. 건축면적 이외의 부지는 자연 그대로 두었고 집과 자연 사이에 경계를 두지 않았다. 낙엽송 나무판을 수직으로 잇댄 측면과 들보에서 길쭉하게 올린 슬레이트 삼각지붕이 강렬한 인상을 준다.

팔메 가족의 여름별장은 초원 한복판에 서 있다. 이곳은 15세기에 형성된 농장지역이다. 집의 비율은 주변의 축사를 따랐다.

슬라이딩도어는 공간을 연장할 수 있게 하고 겨울이나 폭풍이 불 때 혹은 집을 비울 때 집 전체를 외부와 완전히 차단할 수 있게 한다. 반대로 섬의 여름날을 만끽하고 싶을 때는(고틀란드의 여름은 늘 대륙의 고기압권에 있다) 문만 열면 모든 공간이 곧장 밖과 통한다.

부엌이나 욕실 같은 기능공간들은 모두 1층에 있다. 측면의 넓은 공간 뒤로 부엌 겸 거실과 침실을 나란히 두었다. 어느 쪽으로 들어서든 집을 관통하여 반대쪽으로 나갈 수 있게 여러 곳에 출입구를 두었고 그 덕분에 원래보다 집이 더 커 보일 뿐 아니라 혼자만의 시간을 보낼 수 있는 사적인 공간들이 여럿 생겨났다. 연면적은 115제곱미터밖에 안 된다. 2층에는 서재를 겸한 휴게실과 넓은 테라스가 있다.

기본구조 이외에 이 집을 특별히 창조적으로 만드는 것이 바로 안과 밖을 잇는 회랑이다. 회랑은 축사 입구를 닮았다. 벽 없이 지붕만 있는 회랑을 지나 슬라이딩도어를 열면 넓은 거실과 연결된다. 이곳에서 집 전체를 한눈에 조망할 수 있다. 테라스에서부터 서재를 지나 침실까지 모든 방향으로 시야가 열린다. 깔끔한 공간배치와 더불어 나무판을 덧대거나 흰색 페인트를 칠한 내벽이 시각적으로 아늑함과 편안함을 준다.

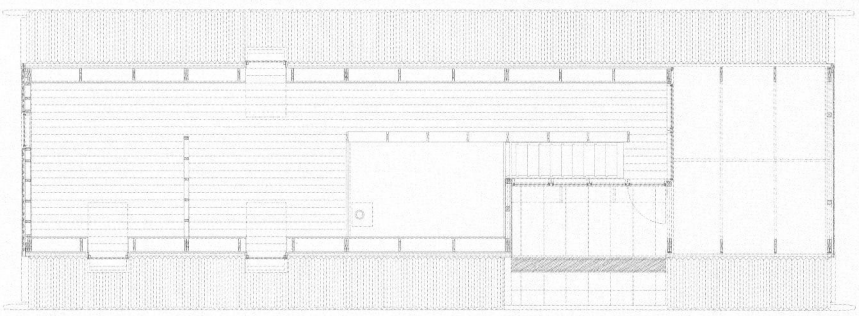

2층

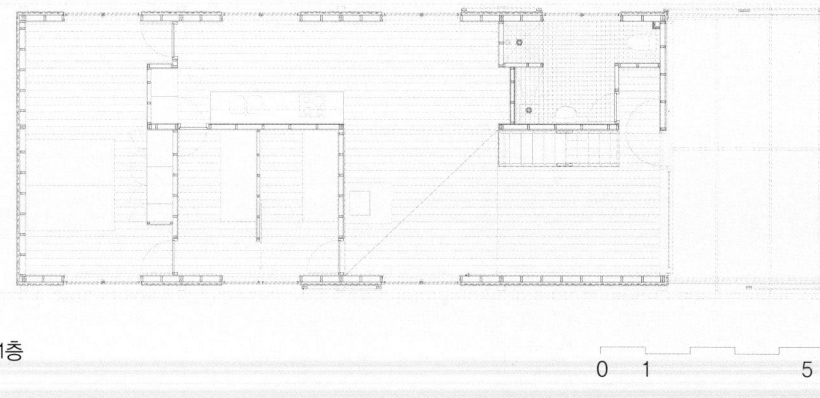

1층

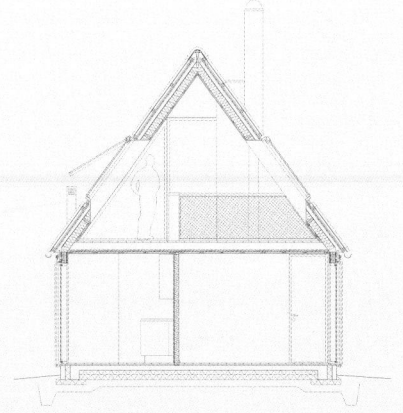

단면

여름별장은 양면성을 갖는다. 별장에 머무는 짧은 기간 동안 가능한 한 적은 시간을 집 안에서 보내고 싶어한다. 그러므로 여름별장은 밖에 있는 것처럼 사방이 탁 트인 동시에 안정감과 따스함을 주어야 한다. 건축구조와 양식이 허락하는 한, 날씨가 쌀쌀하고 나쁜 날에 집 안에 머물더라도 마치 따스한 날 밖에 있는 것 같은 최고의 효과를 누리도록 해야 한다.

축사를 연상시키는 입구.
이곳에서 집 전체가 한눈에 들어온다.

모던 라이프스타일의 레퍼토리

스칸디나비아 가구에는 가구 이상의 뭔가가 있다. 스칸디나비아 디자이너들이 원래 붙박이로 설계한 탁자, 책장, 수납장들의 외양은 세계적인 걸작으로 발전했다. 물론 안토니오 치테리오Antonio Citterio나 에토레 소트사스Ettore Sottsass의 가구들로 채워진 1980년대의 이탈리아식 실내공간과 테렌스 콘란Terence Conran이 설립한 소매점 체인 '해비태트'를 통해 국제적으로 유행한 주거양식도 있다. 그러나 스칸디나비아 건축을 대표하는 북유럽의 실내공간에는 가구 그 이상의 것이 있다.

스칸디나비아 가구에는 늘 공간과의 조화가 담겨있다. 아르네 야콥센의 **시리즈**7에 속하는 3107 의자에서 이 말의 뜻을 확인할 수 있다. 3107은 공간을 정의한다. 더 나아가 공간 이상을 정의하기도 한다. 1963년에 모델 크리스틴 킬러Christine Keeler가 등받이 쪽으로 돌아 앉아 말 탄 자세로 사진을 찍은 이후 이 의자는 북유럽의 자유분방함, 심지어는 방탕함의 상징이 되었다. 이 모든 것을 합쳐야 비로소 '스칸디나비아 디자인'을 온전히 정의할 수 있다.

가구를 걸작으로 만들고 더 나아가 '아이콘'으로 만드는 것은 그 안에 담긴 상징이다. 말하자면 가구 안에는 보는 사람이나 쓰는 사람만 느낄 수 있는 의미가 담겨있다. 디자인은 평범한 사물에 의미를 부여할 뿐 아니라 의인화한다. 사람들은 의자라는 말 대신 '임스', '마트손' 혹은 '계란'이라 부른다. 이것은 대단히 많은 사람들이 그것을 삶의 동반자나 사물친구로 여긴다는 뜻이다. 덧붙이건대, 의자처럼 이동이 가능한 가구들 혹은 꽃병처럼 장식을 위한 소품들은 보다 빨리 걸작 대열에 오르지만 공간 안에서는 단독 소품으로 취급된다.

스칸디나비아 디자인은 지난 수십 년간 언제 어디서나 성공을 누렸다. 반면 다른 나라의 디자인은 사랑을 받았던 기간이 따로 있다. 예를 들어 영국 가구는 20세기 초에, 이탈리아 가구는 1970~80년대에 큰 인기를 누렸고 그런 다음 다시 사라졌다. 그러나 스칸디나비아 디자인의 인기는 안정된 자리를 차지한 듯하다. 그뿐이 아니다. 스칸디나비아 디자인은 안정된 성공을 넘어 다른 나라까지 영향을 미친다. 실제로 세계 디자인이 '스칸디나비아화'되고 있다. 앞에서 언급했던 영국의 테렌스 콘란의 디자인에서, 프랑스의 로낭 부훌렉Ronan Bouroullec과 에르완 부훌렉Erwan Bouroullec 형제의 디자인에서, 독일의 닐스 홀거 모어만Nils Holger Moormann의 디자인에서 스칸디나비아 양식을 발견할 수 있다.

독일을 포함한 대부분의 서구세계에서 그 어떤 양식도 스칸디나비아의 단순함만큼 성공하지 못했다. 스칸디나비아 양식은 브랜드가 되었고, 이 양식을 전문으로 하는 세계적인 가구점을 통해 평소 인테리어나 주거양식에 전혀 신경을 쓰지 않았을 사회적 집단에까지 손을 뻗었다. 스칸디나비아 양식은 어느 정도 고정된 가구 레퍼토리와 표준규격화를 연결하여 가벼움, 열림, 투명, 밝음, 단순이라는 모던 라이프스타일의 이상을 실현한다. 공간을 최대한 비움으로써 활용할 수 있는 최대의 가능성을 제공하는 것이다. 공간 안에는 꼭 필요한 것들만 있다. 그 대신 최고의 소재와 최고의 디자인으로 만들어진다.

빌라 헤스츠크유첸 Villa Hästskjutsen — 변함없는 현대성
제너럴 아키텍처

위치	스웨덴 솔렌투나
건축주	개인
완공	2009년
연면적	346㎡
대지면적	140㎡

스톡홀름에 위치한 건축사무소 제너럴 아키텍처가 2009년에 지은 빌라 헤스츠크유첸은 호수가 내려다 보이는 언덕에 있다. 지형을 최대한 활용하기 위해 2층의 바닥 높이를 평지와 맞춰 1층처럼 설계했다. 콘크리트조로 네모나게 지은 1층에는 기계실과 간단한 기능공간들이 있다. 모든 주거공간은 목조양식의 2층에 모여 있다. 2층은, 토대를 세우고 그 위에 집을 지어 주변보다 높아 보이게 하는 방갈로 형태로 지어졌다.

울타리가 쳐진 테라스를 지나면 바람막이 공간이 나오고 그곳을 통과하면 집 안으로 들어서게 된다. 그 밖에도 실내로 곧장 통하는 출입문을 여러 곳에 교차하여 설치했다.

한쪽 출입구로 들어가 건물을 관통하여 다른 출입구로 나갈 수 있다. 방과 방 사이에는 인접한 방에 맞춘 기능공간을 두었다. 침실에는 옷장과 벽난로가 있고 거실에는 텔레비전 선반과 아래층으로 가는 계단이 있다. 붙박이 수납장과 원목가구들이 축을 따라 세심하게 배분되었고 서재도 빠트리지 않았다. 내벽은 한 가지 색으로 맞추었고 붙박이 가구들과 바닥재는 모두 왁스칠한 참나무로 통일했다.

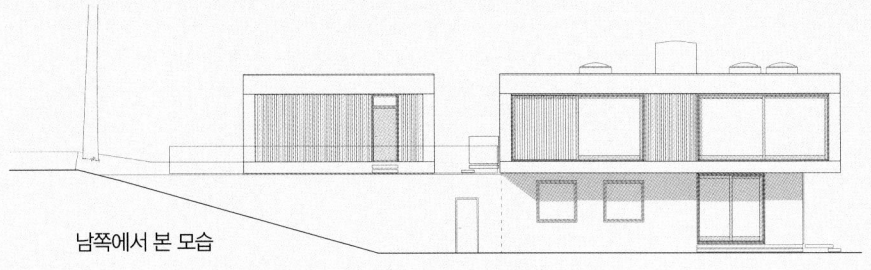

남쪽에서 본 모습

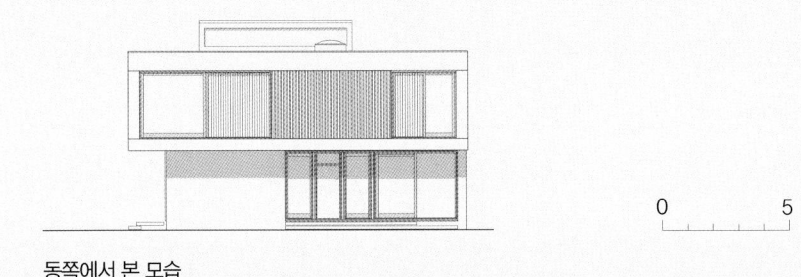

동쪽에서 본 모습

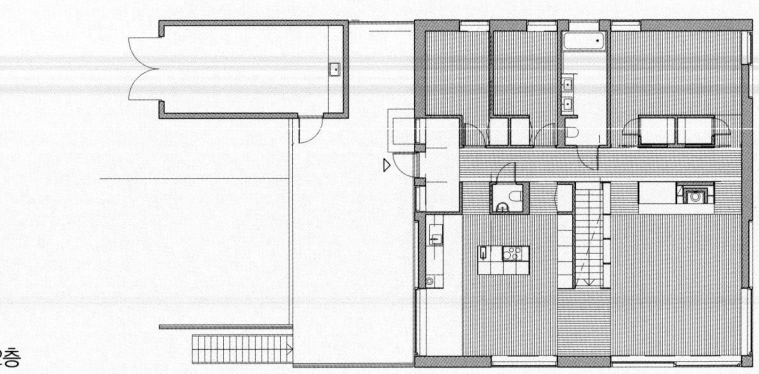

2층

빌라 헤스츠크유첸의 내부 인테리어: 목공예 가구와 많이 알려지지 않은 스칸디나비아 가구(27~28쪽, 보르게 모겐센Børge Mogensen이 디자인한 **스페인 의자**). 그리고 모던디자인 걸작의 조합. 목재의 다양한 색감이 안락한 분위기를 자아낸다.

북유럽 양식의 기본요소

스칸디나비아 양식의 으뜸 메시지는 정돈, 버림, 비움이다. 이때 특히 중요한 것이 비어있는 공간과 여백이다. 그래서 스칸디나비아 양식의 인테리어는 비현실적이라는 의심을 받기도 한다. 실생활에서는 그런 정리정돈이 불가능하다는 것이다. 그러나 이것은 근거 없는 의심이다. 우선 북유럽에는 빈자리를 사물로 채우려는 욕구가 별로 없어 보이고 중서유럽과 달리 모든 집에 붙박이 가구나 벽장을 두는 문화가 있기 때문이다.

스칸디나비아의 집에 비어있는 공간과 정돈된 여백이 많은 까닭이 또 있다. 집을 필요한 기간 동안만 사용하는 사물로 생각하기 때문이다. 이런 사고방식이 어쨌든 독일어권 국가들보다 널리 퍼져있다. 스칸디나비아 사람들에게 집은 세월과 세계에 맞서는 요새가 아니라 거주하는 동안 사용하는 사물이다. 이것은 그곳의 집들이 주로 목조주택이어서가 아니라(나무로 지은 집도 돌이나 콘크리트로 지은 집만큼 오래 갈 수 있다) 부동산을 대하는 태도 때문이다. 예를 들어 스웨덴의 경우 주택담보대출은 세금공제 대상이고 퇴직과 함께 대출금을 모두 상환하고 온전한 자택에서 연금생활을 시작하는 것이 오히려 희귀한 경우에 속한다. 대출금은 부엌이나 벽장 혹은 이동식 옷장처럼 집의 일부이다. 이런 사고방식이 한편으로 집을 조심스럽게 다루게 했고 다른 한편으로는 추억과 기억, 전통과 오래된 과거에 무게를 두지 않게 했던 것 같다. 금방 다시 이사를 가게 될지 알 수 없는 일이잖은가.

경험으로 볼 때, 특히 추운 계절이면 북유럽의 집에도 무질서한 곳이 생긴다. 바로 현관문과 실내 사이의 바람막이 공간인데, 외투걸이 주변에 신발들이 모인다. 아이들이 있는 가정이라면 신발은 더욱 많아질 것이다. 그리고 스칸디나비아 국가들에서는 내 집 남의 집 할 것 없이 집 안에 들어갈 때 대개 신발을 벗는다. 다만 격식을 차려야 하는 자리에 갈 때는 실내에서 착용할 깨끗한 신발을 따로 챙겨간다. 대저택에는 현관문 뒤에 이동식 옷장이 있어 여기에 외투와 신발을 보관할 수 있다.

빌라 팡구스 Villa Panghus — 카탈로그 속의 자유
발데마르손 베르그룬드 건축사무소

위치	스웨덴 태비
건축주	팡구스 AB
완공	2009년
연면적	150㎡

조립식 주택이라고 하면 우선 정성이 담기지 않은 공장제 느낌이 들고 미완성된 집(내부 건축은 건축주의 몫이다)으로 이사를 해야 하는 부담이 있을 뿐 아니라, 조립해야 하는 자재 규모에 놀라고, 그래서 어디서부터 어떻게 조립을 해야 할지 막막해 보인다. 그러나 스웨덴의 팡구스 건축은 새로운 개념의 조립식 주택을 선보인다. 팡구스 건축은 건축가(스톡홀름에 위치한 발데마르손 베르그룬드 건축사무소가 대표적이다)가 설계한 조립식 주택을 판매한다. 당연히 기본설비와 기능공간들도 갖춰져 있다. 구매자는 내부건축 전에 건축가와 협의하여 카탈로그에서 개인의 취향에 맞는 모델(특히 내벽)을 고를 수 있다. 카탈로그에 있는 기본 모델들은 모두 수준급 설계이고 어떤 것을 고르든 추가비용은 없다. 다만 테라스처럼 건축이 추가되는 경우에는 그에 해당하는 비용만 추가된다. 건축가가 설계한 주방과 붙박이장 공사가 끝나면 비로소 집이 구매자에게 인계된다.

외관

단면

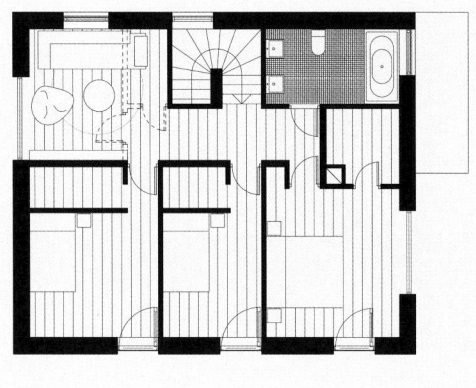

2층

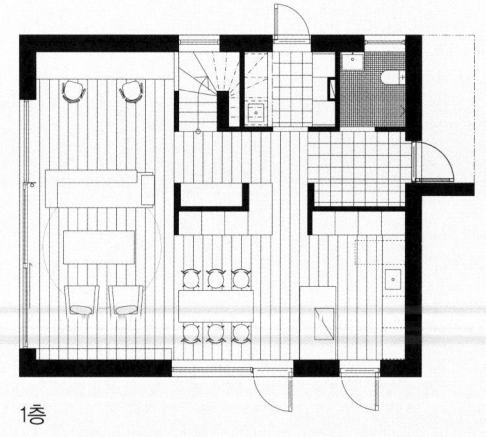

1층

시간과 비용을 절약하는 조립식 주택의 장점과 건축가가 설계한 주택의 장점을 하나로 합친 주택이다. 지반 공사가 끝난 후(스칸디나비아의 여느 주택들이 그렇듯 지하실은 없다) 이틀이면 조립식 목조주택이 세워진다. 내벽과 붙박이장 작업이 끝나면 집은 곧장 구매자에게 인계된다. 팡구스 건축이 제공하는 모델들은 모두 스칸디나비아의 탁월한 건축가 작품이다.

1층에는 조리대를 갖춘 개방형 부엌과 서재를 겸한 거실이 있다. 거실과 부엌은 식탁을 사이에 두고 한 공간처럼 열려있다. 그렇게 전통적인 '알룸'(allrum, 일반적으로 거실, 주방, 식당이 합쳐진 공간을 일컫는 스웨덴어로 '모든 방'이란 뜻이다-옮긴이)을 형성하되 적절한 가구 배치를 통해 조용히 쉴 수 있는 아늑한 공간도 마련한다. 2층에는 침실이 있는데, 침실마다 벽장이 있어 옷장을 따로 둘 필요가 없다. 건축 연면적은 150제곱미터이다.

입구에서부터 집 전체가 한눈에 들어온다. 커다란 창으로 쏟아지는 햇빛이 실내를 환하게 밝힌다. 내벽은 은은한 회색과 흰색 톤으로 제한했다. 입구의 계단은 따뜻한 회색 타일로 마감했고, 거실과 부엌 바닥에는 흰색 나무마루를 깔았다.

벽 높이만한 창과 슬라이딩도어를 포함한 모든 문의 테두리는 짙은 회색으로 포인트를 주어 그 존재가 뚜렷이 드러난다. 부엌의 조리대와 창틀도 똑같이 짙은 회색으로 통일했다. 마루와 내벽에서 도드라져 보이는 짙은 회색은 흡사 도안처럼 느껴진다. 두 층에 세팅된 가구와 패브릭도 같은 효과를 준다.

집의 기능성이 외관에서도 잘 드러난다. 길 쪽으로 난 정면에는 창문 두 개와 현관문 하나만 보인다. 커다란 창문 뒤가 안방이다.

북유럽 양식의 기본요소

건축주가 바라는 가장 이상적인 상황은 자신만을 위해 지어진 집으로 이삿짐차를 타고 가서 바로 짐을 풀고 들어가 사는 것이다. 깐깐한 건축가들과 일하는 비교적 큰 규모의 스칸디나비아 건축기업들이 이런 소망을 채워준다. 이런 일반적인 건축사업 외에 두 가지 다른 사업 모델이 있다. 하나는 여기서 소개한 것과 같은 전통적인 카탈로그 주택이고, 또 하나는 십여 종의 개성 있는 개인주택으로 작은 주거지를 형성하는 사업이다. 두 모델 모두 주방과 기본조명을 포함한 내부시설이 완공된 후에 구매자에게 집이 인계되고 기본에서 업그레이드는 항상 가능하지만 다운그레이드는 불가능하다.

공간의 질서와 배열

이탈리아로 '도주'한 스웨덴 의사 악셀 문테Axel Munthe는 1900년 무렵에 카프리 섬에 빌라 한 채를 짓고, 다소 자유분방한 건축양식을 설명했다. 발코니를 넓은 자연으로 확장한 이 집은 보이는 것보다 훨씬 작다면서 '육체보다 영혼에 더 넓은 공간이 필요하다'는 모토를 덧붙였다. 이 모토는 집, 사무실, 공장의 어둠을 빛, 공기, 자유로 바꾸려는 욕구와 세기의 전환기에 확산된 생활개혁을 대표한다. 뿐만 아니라 오늘날 특히 북유럽의 건축과 주거양식을 대변한다. 북유럽 양식의 공식은 한마디로, 채워지지 말아야 할 자리는 채우지 않는 것이다. 이것은 공간을 단순하고 명료하게 구성해야 하고 그렇게 하기 위해서는 쓸데없이 눈에 띄는 모든 사물을 치워야 한다는 뜻이다.

농부의 집이든 (종종 고전주의가 강조된) 대저택이든 혹은 근대건축의 유명한 건축가가 설계한 집이든 스칸디나비아의 모든 집들에는 공간비율의 엄격함이 들어있다. 또한 집들은 대칭으로 건축되고 단순한 수학적 비율(1:2:3:4……)이나 황금비율(세로:가로=세로+가로:세로)을 따른 네모 형태를 띤다. 그 대신 인테리어는 기능성을 우선으로 하기 때문에 실내공간의 변형이 자유롭다. 그러나 가구와 인테리어 소품들에(의자 두 개, 조명 두 개, 심지어 소파 두 개) 대칭구조를 반영하여 각각의 특징과 아름다움을 살리는 동시에 집 전체와의 조화를 꾀하는 경우도 가끔 있다.

이때 자유로운 변형이란 대개 대칭 패턴의 파괴를 뜻한다. 조명, 의자, 장식품들이 짝을 맞추어 배치되는 경우가 드물고 거실 응접세트가 한복판에 있는 경우도 거의 없다. 그리고 깔끔함을 인테리어의 이상으로 삼기 때문에 카펫이 없는 경우도 많다. 만약 카펫을 깔았다면, 그것은 대개 공간의 기존 선을 유지하고 강조하기 위함이다. 또한 제한된 면적에만 카펫을 쓰고 이때 공간 안에 있는 다양한 무게를 가볍고 발랄하게 균형잡는 것이 중요하다. 가구 또한 고정된 자리 없이 이동이 자유롭다. 그러니까 붙박이로 한 곳에 고정되지 않고 언제든지 자리를 바꿀 수 있는 것이다.

빌라 뷔 Villa Vy – 바위 위의 나무집
켈란더+쇠베르그 건축의 스테판 쇠베르그

건축가	스테판 쇠베르그 Stefan Sjöberg, 아니카 카를손 Annica Carlsson
위치	스웨덴 스톡홀름 맬라홰덴
건축주	아니카 카를손, 스테판 쇠베르그
완공	2008년
연면적	155㎡

켈란더+쇠베르그 건축의 스테판 쇠베르그와 에콰도르 유로피안 아키텍츠의 아니카 카를손은 건축가 부부다. 두 사람은 스톡홀름 근교의 자투리 건축부지에 자기들이 살 집을 지었다. 아마도 건축가로서의 욕심을 부리지 못하게 처음부터 한계를 두느라 일부러 자투리 부지를 선택했을 것이다. 건축이 거의 불가능해 보이는 바위투성이 부지였고 지역 건축규정을 지키려면 비용을 많이 들이거나 원래 계획보다 작은 집을 지어야 했다. 건축규정을 지키면서 바위 위에 원하는 공간을 얻는 방법은 사실 뻔하다. 공간을 위로 늘리는 가장 간단한 해결책으로 3층집이 지어졌다.

북유럽 양식의 기본요소 37

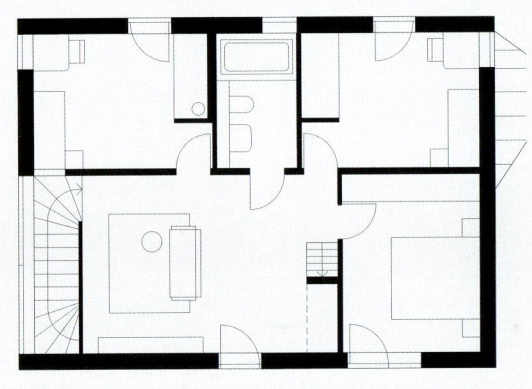
2층

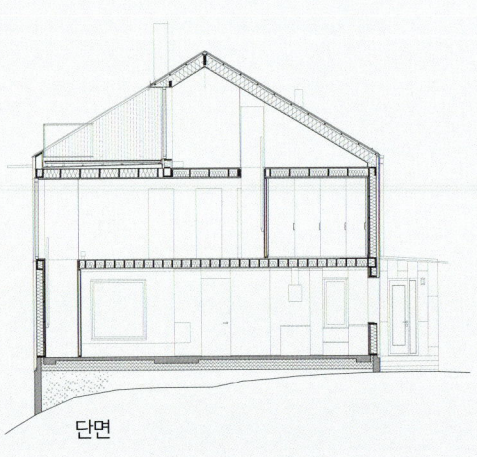
단면

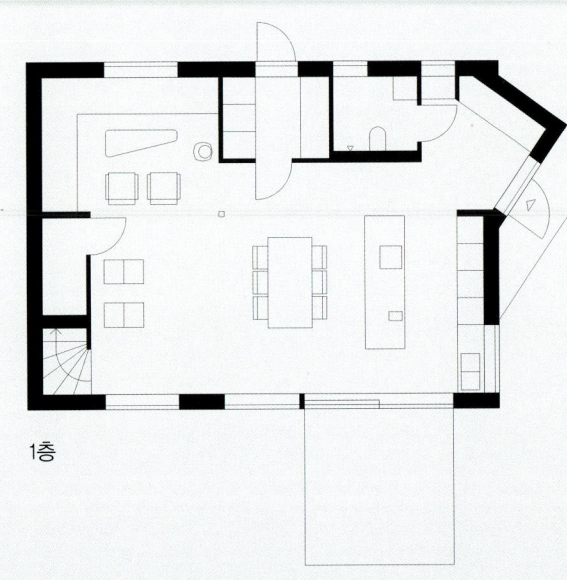
1층

스칸디나비아의 건축을 쫓다보면, 범상치 않게 힘든 지형에 훌륭한 건축물이 세워진 사례를 종종 만나게 된다. 스칸디나비아 건축가들은 지형과 주변 환경을 정확히 분석하여 이런 지형에 관한 풍부한 경험을 토대로 건축주의 요구에 맞으면서 경제적으로도 타당한 해결책을 찾아낸다. 지형을 건축의 일부이자 기본으로 보기 때문에 비용이 많이 드는 비싼 모델은 저절로 제외된다.

북유럽 양식의 기본요소 39

바위들 중 하나를 지반으로 삼고 그 위에 곧바로 콘크리트를 부었다. 바위 틈새는 고물들로 간단히 메웠고 높이를 줄이기 위해 콘크리트를 매끈하게 갈고 오일을 입힌 후 난방설비를 깔아 그대로 1층 바닥으로 썼다. 1층에는 넓은 개방형 부엌과 거실, 그리고 작은 부속공간이 있다. 서쪽으로 시야가 넓게 열린다. 가구들은 모두 전형적인 스칸디나비아 양식이고 붙박이장 덕분에 여유 공간이 넉넉하여 거의 비어있는 것처럼 보인다. 주방은 이케아 가구들로 구성하되 공예가의 손을 빌려 표면을 새롭게 단장했다. 다만 조리대 표면은 통째로 제작했다. 환기구를 거울로 가림으로써 시각적으로 더 넓고 높아 보이게 했다.

2층에는 침실과 가족들이 조용히 쉴 수 있는 진짜 거실이 있다. 창문의 크기와 모양은 시공을 하는 동안 결정되었는데, 그것은 나무를 잇대는 짜임새 있는 건축양식 덕분에 가능했다. 작은 계단을 오르면 3층 다락방이다. 여기에는 스톡홀름 주변의 섬 풍경을 내려다볼 수 있는 테라스가 있다. 2층 바닥은 짙은 색 나무마루인데 적포도주와 브론즈 톤으로 디테일에 액센트를 주었다. 가구들은 덴마크 디자이너 한스 베그너Hans Wegner의 가구들을 판매하는 '칼 한센&선Carl Hansen&Søn'과 역시 덴마크 기업인 '헤이Hay'의 제품들이다.

개방형 부엌의 수납장들은 시스템 부엌가구로, 공예가의 손을 빌려 표면을 새롭게 단장했다.

모든 붙박이 가구들과 계단을 지배하는 짙은 회색 톤이 환한 주변과 대조를 이룬다. 거실과 식탁에 놓인 **Y체어**(CH24 혹은 **위시본체어**)는 한스 베그너의 작품이다.

북유럽 양식의 기본요소 43

주거 요소

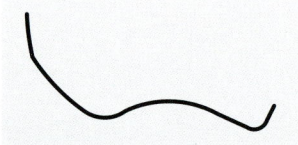

브루노 마트손의 **페르닐라**.
앉은 자세의 곡선을 그대로 딴 의자다.

스칸디나비아 디자인의 매우 유명하고 가장 성공한 가구들이 반드시 일상생활의 필수품인 건 아니다. 테이블이나 벤치처럼 꼭 일상에 맞닿아 있는 건 아니라는 것이다. 직접 확인해 보고 싶다면, 스칸디나비아 가구를 한번 떠올려 보라. 가장 먼저 의자들이 생각날 것이다. 추상적 형태에 가까운 알바 알토의 31에서 시작하여, 아르네 야콥센의 **아이스**Eis(1958)를 지나 디자이너 마츠 테셀리우스Mats Theselius의 이름을 따 **테셀리우스**Theselius(1990)라 불리는, 알루미늄으로 겉을 댄 원통 모양의 의자까지.

이런 의자들의 대부분은 물리적·미학적 의미에서 안락함을 주기보다는 여느 책상의자들처럼 간소한 느낌을 준다. 그리고 인체공학적 실험정신이 다분히 엿보인다. 이것은 20세기 전반기의 가구디자인에서 새로운 시도였고, 세기의 전환기에 막 생겨나 역시 생소했던 인간공학을 전제로 했다. 그러나 갑자기 '착석의 역학'(르 코르뷔지에Le Corbusier)이나 '앉은 자세의 인체곡선'(브루노 마트손)이 지배적인 개념이 되었고 쿠션과 스프링의 안락함이라는 옛 형식은 잊혀졌다. 그 자리에 합판 목재, 캔버스 천, 가죽, 나중에는 합성수지 그물 등 단순하고 가벼운 소재가 들어왔다. 게다가 스칸디나비아 디자인의 여러 가구들과 몇몇 유명한 의자들이 모듈조립을 통해 더욱 가벼워졌다. 의자에서 모듈조립의 기본은 좌판과 다리의 완전한 분리다. 알바 알토의 31(1930/31), 브루노 마트손의 **페르닐라**(1943), 구닐라 알라드Gunilla Allard의 **씨네마**Cinema(1943), 마츠 테셀리우스의 **브루노**Bruno(1997)가 그 예다. 어떤 의자들은(특히 브루노 마트손과 그의 후예들 작품) 머리받침과 팔걸이까지 분리된다.

앉은 자세의 인체곡선을 그대로 딴 '곡선 의자'에 앉아 무엇을 할까? 곡선 의자와 함께 (찰스&레이 임스의 **라운지 체어**에서처럼) 새로운 자세가 생겨났다. 가장 편안한 자세, 거의 누운 자세, 책을 읽거나 텔레비전을 보기에 안성맞춤이고 대화를 나누기에는 맞지 않는 자세. 스칸디나비아의 이런 기다란 의자들은 이동이 가능한 단독 소품이고 가구에 포함되기보다는 차라리 휴식을 상징하는 조각품에 가깝다. 공간이 거의 비어있기 때문에 기다란 의자의 존재감이 더욱 강하게 드러난다. 그리고 당연한 결과를 낳았다. 스칸디나비아 디자인을 대표하는 소파가 거의 없는 까닭이 이런 의자들 때문이 아니라면 무엇이겠는가?

1930년대 스칸디나비아 국가들에서, 특히 스웨덴과 덴마크의 사회공학자들이 집에서 주방을 없애려 했던 시기가 있었다. 공공식당, 구내식당 혹은 개인적으로 선택한 식당에서 식사를 함으로써 무엇보다 여성들을 가사노동에서 해방시켜야 한다고 주장한 것이다. 가령 스벤 마르켈리우스Sven Markelius가 설계한 집에는 간이부엌만 있는데, 이곳에서는 가벼운 스낵 정도만 겨우 만들 수 있고 그렇게 준비한 음식은 조그마한 탁자에서 먹어치워야만 했다. 그러나 집에서 주방을 없애려는 시도는 오래가지 못했다. 부엌이 없어지기는커녕 개방형 부엌으로 확대되어 식탁은 주방과 거실 사이의 자연스러운 경계 구실을 하는 동시에 모던 라이프스타일의 사회적 중심공간이 되었다.

레인지와 넓은 식탁이 없다는 말은 가족이 한자리에 모여 식사를 할 수 없고 만찬은 생각조차 못한다는 뜻이다. 그렇게 되면 사회의 최소 단위인 가족을 하나로 묶어주는 중요한 의식과 그 의식이 행해지는 유일하고도 확실한 생활공간이 사라진다. 가족, 부부, 친구들은 마주 앉아 대화를 나누며 피로를 잊고 안정, 신뢰, 친밀감을 얻는다. 이런 까닭으로 식탁은 지난 수십 년간 특별한 의미를 가진 주거의 중심점이었다.

원하는 대로 변형이 가능해서 작지만 큰 잠재력을 가진 이른바 '변신 탁자'가 있다. 1936년 브루노 마트손이 디자인한 접이식 탁자가 바로 그것이다. 구조면에서 볼 때 이 탁자는 17세기부터 스웨덴 농가에 확산되었던, 길이를 늘일 수 있는 탁자의 후손이다. 브루노 마트손은 농가의 탁자를 응용하여 접으면 25센티미터가 되고 펼치면 280센티미터가 되는 모델을 개발했다. 게다가 이 탁자는 한 사람이 손쉽게 접고 펼 수 있는 훌륭한 구조를 갖췄다.

그러나 접이식 탁자는 길어질수록 다리가 많이 필요하다. 그리고 비록 편리하고 다용도로 쓰이더라도 가장 아름다운 탁자는 결코 아니며 다 같이 모여 식사를 하는 식탁으로도 적합하지 않다. 둘러앉은 사람들의 다리가 탁자다리에 걸리는 것만 보더라도 그렇다. 여럿이 함께하는 식탁으로는 다른 탁자를 권한다. 으뜸은 역시 알바 알토의 타원형 탁자 **90/91**이다. 다리 상단에서 90도로 둥글린 정확한 대칭형 타원이고 표면에는 리놀륨을 붙였다(1935년). 한편 원탁은 소수가 모였을 때만 편하다. 여럿이 앉을 만큼 큰 원탁이면 맞은편에 앉은 사람과 거리가 너무 멀 뿐 아니라 탁자 가운데는 손이 닿지 않아 쓸모없는 공간이 되고 결국 그것 때문에 탁자는 쓸데없이 많은 공간을 차지한다.

이런 원탁의 문제를 해결한 것이 브루노 마트손, 아르네 야콥센 그리고 덴마크의 예술가이자 철학자이며 수학자인 피에트 하인Piet Hein이 공동으로 만들어낸 **슈퍼 타원형 테이블**Super-elliptische Tisch(1964년)이

브루노 마트손의 접이식 탁자

브루노 마트손, 아르네 야콥센, 피에트 하인의 합작품.
슈퍼 타원형 테이블

다. 피에트 하인은 오래 전부터 원형과 사각형의 장점은 합치고 단점은 제거한 기하학적 형태를 궁리했고 1959년에 이미 스톡홀름 중심가의 세르겔 광장을 이런 원리로 구성했었다. 세르겔 광장을 지나는 교통 흐름처럼, **슈퍼 타원형 테이블**에서도 모든 손님들이 서로를 인지하고 어느 누구도 불편한 모서리에 앉지 않으며 모두가 한눈에 들어온다. 한 가지 장점이 더 있는데, 테이블을 옮길 때 양쪽을 밀어 넣어 크기를 줄일 수 있다. 그리고 튼튼한 강철관 다리가 테이블의 흔들림을 방지한다. 강철관은 가벼우면서도 안정된 느낌을 준다.

이 밖에도 전통적인 목공기술로 만들어진 단순하면서 튼튼한 원목테이블이 여럿 있다. 오늘날에도 이따금 가구공이 직접 제작한 원목테이블이 나오긴 하지만 대부분은 이케아 같은 가구회사가 만들어 판매하고 주로 가문비나무나 자작나무 혹은 참나무로 만들어진다. 이렇듯 자연 소재로 만들어진 테이블은 튼튼하고 밝고 오래가며, 테이블 기능뿐 아니라 집의 중심점 구실도 한다.

빌라 록카르프 Villa Rockarp — 호숫가의 기다란 세 집
란드슈트룀 건축사무소

위치	스웨덴 외스터뷔모
건축주	루스 니클라스 Ruth Nicklas, 게오르크 니클라스 Georg Nicklas
완공	2006년
연면적	346㎡
대지면적	본채 169㎡ 게스트하우스 78㎡

스웨덴 남부의 호숫가에 자리한 니클라스 가족의 집은 전통적인 스칸디나비아의 건축기하학과 그 해석의 좋은 예다. 그다지 높진 않지만 가파른 낭떠러지가 곳곳에 둘러쳐진 솜멘 호수의 서쪽 해안선을 따라 기다란 집 세 채가 작은 공터를 가운데에 두고 서 있다. 본채, 게스트하우스, 그리고 커다란 사우나실 세 건물이 서로 살짝 떨어짐으로써 외부공간이지만 바람과 외부 시선이 차단된 사적인 공간이 마련되었다. 이 작은 공터는 마당과 저녁 테라스 구실을 한다. 이곳을 통해 본채와 게스트하우스로 들어갈 수 있다. 게스트하우스를 별도의 건물로 본채 옆에 두는 배치는 스칸디나비아 농촌에서 흔히 볼 수 있는데, 전통적으로 농촌에서는 대개 여러 세대가 한 집에 모여 살았기 때문이다. 이곳에 온 손님들은 대개 하룻밤 이상을 머문다. 여러 까닭이 있겠지만 무엇보다 먼 길을 달려야 도달할 수 있는 곳이라 그럴 수밖에 없다.

북쪽에서 봐야 세 채가 다 보인다. 사우나실은 호숫가에 있고 본채와 게스트하우스는 거기서 몇 걸음 뒤로 물러나 있다.

본채는 오픈플로어플랜[원룸처럼 모든 공간이 하나로 열려 있는 개방형 구조-옮긴이]으로 설계되었고 부분적으로 올린 2층에 여타 기능공간들이 있다. 실내로 안내하는 넓은 입구에 서면 건축의 중심 아이디어가 바로 느껴진다. 건물은 해안선과 나란하고 높이는 5미터가 채 안 되며 호수 쪽으로 난 넓은 유리창 덕분에 자연이 고스란히 집 안으로 들어와 있는 듯하다. 유리창은 그저 투명한 보호막일 뿐 존재를 드러내려 애쓰지 않는다. 그리고 호수 쪽 테라스에 앉으면 창밖으로 탁 트인 해안선이 보인다.

가벼운 보호막 원리는 실내에서도 계속된다. 커다란 벽난로가 있는 거실, 주방, 식당이 하나로 통합된 오픈된 '알룸'이 건축면적의 3분의 2 이상을 차지한다. 외벽과 천장은 가는 줄무늬를 새겨 넣어 섬세하게 마감했다. 내벽에는 아무것도 설치하지 않았다. 그래서 벽들은 있는 듯 없는 듯 그저 지붕만 받치고 있다. 이것은 집 안의 모든 벽에 해당하고 지붕과 벽이 맞닿은 모습이 그대로 보인다. 들보나 트러스[여러 개의 직선 부재들을 삼각형 형태로 연결해 구성한 뼈대 구조-옮긴이] 대신 가벼운 버팀대를 썼다. '알룸'을 뺀 나머지 3분의 1에는 침실과 욕실이 있다. 가려져 있어 잘 보이지 않는 계단을 오르면, 작은 사무실로 꾸며진 휴게실이 나오는데 이곳은 가족실로도 자유롭게 활용할 수 있다. 침실마다 붙박이장이 있어 별도로 수납장을 둘 필요가 없다. 그래서 모든 통로가 훤하다.

단면

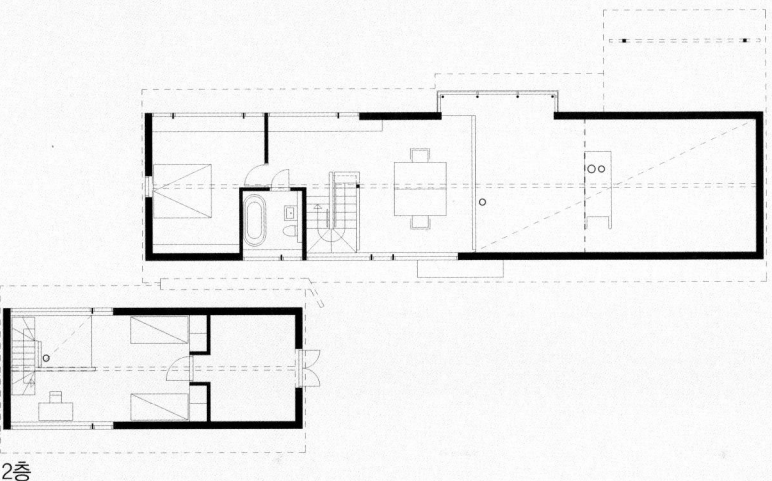

2층

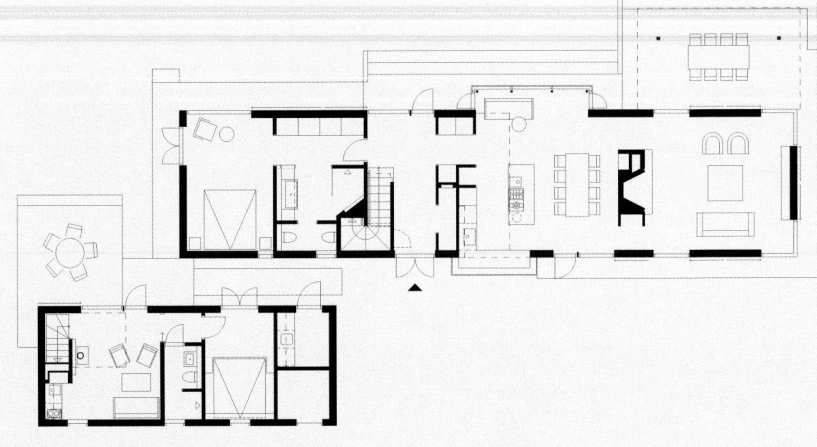

1층

게스트하우스를 별채로 짓는 것은 대도시를 제외하면 스칸디나비아에서 흔한 일이다. 여기에는 사회적인 이유도 있다. 손님의 사생활을 보호하고 그렇게 함으로써 손님에게 환영의 뜻을 전할 수 있는 것이다. 실용적인 이유도 있는데, 손님이 없을 때 보일러를 꺼 둘 수 있기 때문에 연료비를 아낄 수 있고 본채만 난방을 하면 그만큼 빨리 따뜻해지기 때문이다.

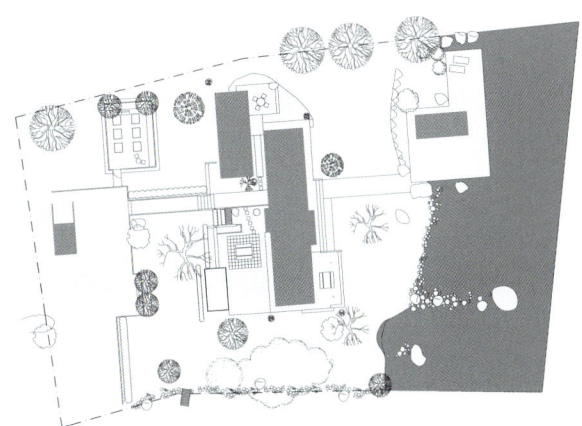

배치도

게스트하우스는 비록 작은 규모지만 본채와 똑같이 설계했다. 출입문을 열면 '알룸'이 손님을 맞이한다. 여기에서 밖을 내다보면 본채는 보이지 않고 곧장 호수가 보인다. 작은 계단을 오르면 침실로 쓸 수 있는 회랑이 나온다. 이곳의 지붕도 마치 떠 있는 것 같다.

커다란 개방형 벽난로가 거실을 지배한다. 그대로 드러난 굴뚝이 높은 천장을 더욱 높아보이게 하고 건축가의 의도대로 가벼운 돛을 연상시킨다.

북유럽 양식의 기본요소

북유럽 양식의 기본요소 55

56 북유럽의 집

내벽과 천장을 니스 칠한 나무판으로 마감하는 것은 스칸디나비아 국가들에서 가장 널리 확산된 마감법이다. 이것은 아주 단순한 방식으로 주방, 거실, 욕실 등 각 공간을 조화시킨다. 깔끔한 외양의 수납장들이 줄무늬 벽과 거의 구별이 안 된다.

스칸디나비아의 걸작과
북유럽의 고전주의

작가들의 디자인 이념은 고전 걸작에 담겨있다. 아일린 그레이Eileen Gray의 보조테이블 E1027, 루드비히 미스 반 데어 로에Ludwig Mies van der Rohe의 **캔틸레버의자**, 리하르트 자퍼Richard Sapper의 **티치오 램프 Tizio** 등이 대표적인 사례일 것이다. 그러나 인구 규모로 볼 때, 스칸디나비아 국가들이 상대적으로 많은 디자인 걸작들을 탄생시켰다. 게다가 스칸디나비아의 디자인 걸작들은, 가령 아일린 그레이의 작품들이 인기의 변화를 겪었던 것과 달리, 언제나 변함없는 사랑을 받았다. 그 까닭은 무엇일까? 왜 스칸디나비아 디자인에서 걸작들이 중요한 구실을 했고 이곳에서 살아있는 유산이 되었을까?

기하학에서 고전주의는 원, 정사각형, 사각형을 뜻한다. 정역학에서는 물체와 그것을 옮기는 방법이고 미학에서는 단순한 비율이다. 고전주의 색상은 다양한 톤의 흰색과 회색, 그리고 파스텔 톤이다. 고전주의라는 말은 18세기 말엽에 처음 생겼다. 1797년 요한 볼프강 폰 괴테가 쓴 서사시 《헤르만과 도로테아》에 약국 주인이 나오는데, 그는 새로 등장한 단순함에 매우 혼란스러워한다. "이제 모든 것이 다르고 품위가 있어야 한다 / 그리하여, 횡목과 나무벤치들이 흰색이다." 이쪽을 보면 장식 하나 없는 밋밋한 면이고 저쪽을 보면 낡은 조각품이다. "모든 것이 단순하고 매끄러우며 조각품이나 황금장식도 없다 / 그뿐이던가, 제일 많은 돈을 들인 것이 고작 외국에서 건너온 목재다." 그 다음 20세기 초에 바우하우스가 고전주의를 계승하여 과격화했고 장식과 치장을 철저히 배제했다. 그러나 철학자 발터 벤야민Walter Benjamin이 쓴 '시민주택에 스며드는 지옥의 붉은 여명'(《도시풍경Städtebilder:바이마르》)과 거기에 살고 있는 '방물장수들'(《파괴적 성격Der destruktive Charakter》)이라는 표현으로 추측컨대 고전주의의 단순함은 19세기 내내 존속했던 것 같다.

바우하우스의 대중화와 함께 기계생산이(대량생산은 이미 1800년 무렵부터 있었다) 시작되었다. 그리고 이 시기에 스칸디나비아 디자인의 원형이 생겨났다. 다시 말해 스칸디나비아 디자인의 많은 제품들이 이 시기에 뿌리를 두고 있다. 모던 디자인의 초기 작품들이 여기에 속한다. 이때 스칸디나비아 방식의 기능주의에 특별한 의미가 부여되었는데, 사람들이 제품을 볼 때 어디서 어떻게 만들어졌는지를 살폈기 때문이다. 외양에서부터 벌써 제작조건이 명확히 드러났다. 비록 공장에서 만들어졌지만 출처를 감추고 수공예품인 척하는 크고 둥글고 푹신푹신한 의자는 상대가 못되었다. 21세기의 고전주의 산업제품들이, 18세기 고전주의의 본고장으로 회귀한다고 말해도 과언이 아니다. 그리고 이것은 스웨덴의 모던 디자인이 초기에 의식적으로 1800년 무렵의 양식을 모방했다고 말하는 것보다 더 타당하다. 한편 스칸디나비아 걸작들은 지나치게 편중된 사용을 거부한다. 가령 아르네 야콥센이 디자인한 **계란의자**는 개인주택이나 호텔로비 혹은 관청 라운지에 두어도 매력은 여전하며, 꼬냑색상 가죽을 입혀 파격적으로 변형시켜도 고유한 매력이 결코 퇴색하지 않는다.

빌라 율 Villa Juhl – 목공 예술
핀 율

위치	덴마크 샤를로텐룬드
건축주	핀 율 Finn Juhl
완공	1942년

코펜하겐 북쪽에 위치한 작은 도시 오드룹에 20세기 대표 가구디자이너로 꼽히는 핀 율의 집이 있다. 덴마크 모던, 스웨덴 모던 혹은 스칸디나비아 모던으로 불리던 스칸디나비아 양식이 1950년대 미국에서 시대에 가장 적합한 주거양식으로 인기를 누렸을 때, 이 집은 스칸디나비아 양식의 대표작으로 유명했다. 이 집의 인기가 얼마나 높았던지 심지어 미시간 주에서는 이 집과 똑같은 설계로 여러 채가 시리즈로 지어졌다. 1942년 서른 살 젊은 청년 핀 율이 자신을 위해 지은 이 집에는 덴마크 모던의 의미가 고스란히 담겨 있고 오늘날에도 여전히 그 의미를 유지하고 있다. 이 집은 2008년 4월부터 박물관으로 일반인에게 공개되고 있다.

덴마크 왕립예술아카데미를 졸업한 목공예가 핀 율은 가구디자인의 거장 카레 클린트Kaare Klint의 제자였다. 카레 클린트는 공격적인 신고전주의를 기반으로 간결한 선과 엄선된 소재를 썼고 최고의 공예가들과 긴밀하게 협력했으며 특히 인체공학을 스칸디나비아의 가구디자인을 위한 학문으로 만들었다. 스승의 이런 가르침이 핀 율의 디자인에서 발견되기도 하지만(가구보다 건축에서 더 명확하게), 그의 작품에는 매우 독특한 활용성이 있다. 그는 근대예술, 보다 정확히 말해 그가 활동하던 시기의 근대예술을 접목하고 소재를 둥글리고 구부림으로써 고유한 특징을 작품에 불어넣었다. 핀 율의 말을 빌리면, 이것은 '기능주의와 함께 주거와 하나가 된 추상적 표현주의'다.

그의 가구들을 하나하나 살펴보면, 이 말의 구체적인 의미를 쉽게 이해할 수 있다. 이를테면, 양옆이 쫑긋 솟은 이인용 소파 **더 포잇**The Poeit, 귀를 아래로 잡아당긴 것처럼 양옆이 아래로 휜 **펠리칸 체어**The Pelican, 그리고 다양한 입체형의 사이드보드 테이블 등. 핀 율은, 둥글린 외양을 선호한다는 점 이외에도 많은 부분이 비슷하고 오늘날 그에 못지않게 유명한 동료 한스 베그너보다 확실히 더 대담하고 예술적이었다.

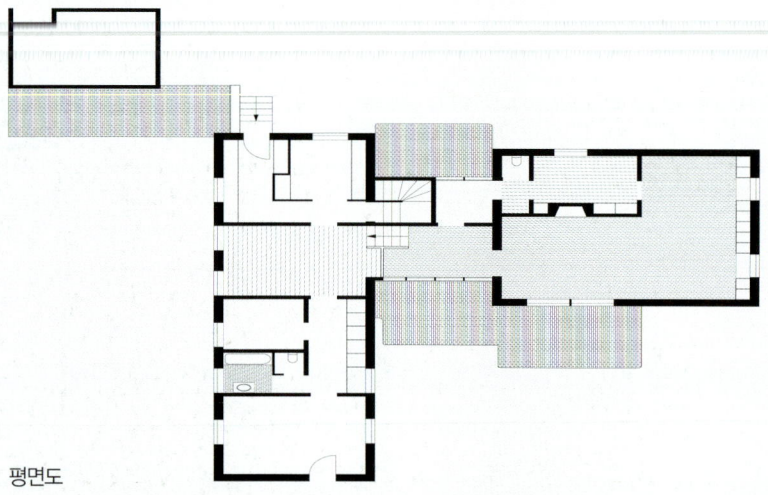

평면도

위: 핀 율이 디자인한 접이식 사이드보드 테이블, 1974년(기본원형)
아래: 독서의자 **BO62**(1953년)는 거꾸로 돌아앉을 수도 있는데, 등받이 위에 팔 받침대가 있어 편하게 책을 읽을 수 있다.
오른쪽: 기능공간의 작은 계단이 침실 및 벽난로와 거실을 분리한다.

북유럽 양식의 기본요소

"기능성과 예술성의 충돌 없는 조화. 미학적이면서도 실용적 디테일을 놓치지 않는 도약." 이것이 가구디자인에서뿐 아니라 글과 강의에서 핀 율이 강조했던 메시지다. 그는 역사주의도 계층의 특징도 집에 드러낼 필요가 없고 올바른 주거 형태는 오직 하나뿐이라고 믿었다. 그리고 평생 동안(1989년에 사망했다) 이 신념을 바꾸지 않았다.

핀 율의 집은, 사각형 몸체에 삼각지붕을 올린 단순한 건물 두 채가 라운지이자 온실 구실을 하는 유리건물을 끼고 'ㄱ'자 형태로 이어진 모습이다. 외벽은 흰색으로 칠했다. 내벽 역시 같은 흰색이 지배적이고 그 속에서 가구들이 각각의 특징을 드러낸다. 바닥은 탈색한 가문비나무마루로 소박한 느낌을 준다. 이 집에는 오늘날까지 스칸디나비아 양식의 특징으로 지목되는 많은 것들이 담겨 있다. 일직선상에 놓인 방들, 바닥까지 닿는 창, 햇빛이 잘 들게 하려는 노력, 여느 공간에 비해 과하게 넓은 거실, 실용성과 예술성을 살리는 '실용예술'의 강조 등.

작업실: 넓은 바닥과 길쭉하게 뻗은 가구들이 가장 먼저 눈에 띈다. 1940년대에 지어진 집이라고 믿기 어려울 만큼 공간 구성이 매우 단순하다. 티크목재가 건축시기를 짐작케 한다(비록 최근에도 유행을 하긴 했지만).

핀 율의 집에 있는 두 응접실. 바닥은 단순한 가문비나무마루다. 철저하게 고안하고 구성한 공간이라 더 개선할 기능이 없어 보인다. 식탁 의자의 녹색 천은 비더마이어 양식[19세기 중엽의 간소하고 실용적인 가구의 양식-옮긴이]과 연결된다. 가볍고 단순한 소재로 구성한 이 공간은 오늘날 거의 찾아보기 힘든 소박함을 보여준다.

핀 율은 의자와 테이블 소재로 티크목재를 가장 선호했다. 스칸디나비아 디자이너들이 자국에서 나는 소재를 선호하는 경향으로 볼 때, 티크목재는 확실히 예외적이다. (티크목재는 1950년대와 1960년대에 특히 덴마크에서 많이 쓰였다. 그 까닭은 여러 가지인데, 첫째, 과거 덴마크의 세계적인 해양무역이 해외소재들을 북유럽으로 들여왔다. 둘째, 2차 세계대전 이후 티크목재 생산이 산업화되면서 세계적으로 가구제작에 티크목재 바람이 불었다. 셋째, 티크목재는 습기에 강하고 단단하며 내구성이 좋아 가는 줄무늬를 새겨 넣기에 안성맞춤이었다. 그러나 섬유조직이 미세하기 때문에 표층에 색을 입히기에는 적합하지 않다.)

핀 율(그리고 덴마크 모던)의 국제적 명성은 1960년대와 함께 서서히 잦아들었다. 그 뒤에 등장한 화려한 장식과 과격해진 혁신성에 비하면, 그의 디자인은 학생들에게 주는 충고처럼 무미건조하게 느껴졌을 테다. 핀 율이 물러난 자리에 베르너 팬톤Verner Panton과 공학소재 및 산업신소재에 대한 환희가 왔다. 그러나 1990년대에 핀 율, 한스 베그너 그리고 이들의 동료들이 재발견되면서 분위기는 다시 바뀌었다. 갑자기 스칸디나비아 모던은 미래가 있는 아직 완전히 깨지지 않은 과거였고, 새로운 출발과 혁신을 위한 완벽한 정신이었고 마지막 희망이었으며, 삶에 뭔가 '올바른 것'을 줄 수 있어 보였다.

북유럽 양식의 기본요소

색상

북유럽의 디자인과 건축에는 흰색과 회색, 이 두 가지 색상이 지배적이다. 하지만 단순히 흰색과 회색이라 정의하긴 어렵다. 끝없이 많은 톤과 미세한 색감의 차이가 있기 때문이다. 연회색에도 밝기가 다양하다. 회색은 흰색보다 더 중요한데, 특히 순백색의 공간일 경우 햇빛이 그 위를 비추면 눈이 부시지만 회색은 눈을 편안하게 한다. 특히 흰색에 은회색 대신 빨강이나 노랑을 아주 조금만 혼합했을 때 눈을 가장 편하게 한다.

흰색은 현대의 색상이다. 흰색의 인기는 빛과 밝음의 요구에서, 그리고 공간 안에 있는 각 사물에 저마다의 존재감을 주려는 요구에서 생겨났다. 반면 회색은 돌의 색상이다. 그러나 건축과 디자인에서 회색은 결코 옛날 색상이 아니다. 이 회색은 1800년 무렵 자주 이용되었다. 당시의 양식을 일컬어 스웨덴에서는 구스타프 3세의 이름을 따 '구스타프 양식'이라 불렀고 다른 스칸디나비아 국가들에서는 '고전주의 양식' 혹은 '엠파이어 양식'이라 불렀다. 덴마크의 화가 빌헬름 함머스회이Vilhelm Hammershøi가 그림에 회색을 자주 쓰기도 했다.

그리고 회색은 여전히 많이 쓰이는데 창틀과 바닥, 문과 판벽 마감재에서 특히 자주 볼 수 있다. 까닭은 회색이 색상의 생략을 의미하기 때문이고, 빨강이나 파랑이 호기심이나 열정으로 제멋대로 선택한 색처럼 보이는 반면 회색은 거리 두기, 평온, 분별력을 상징하기 때문이다. 회색은 (모양도 없고 색도 없는) 선을 도드라져 보이게 하여 최소한의 장식효과를 낸다. 그리고 바로 이 선이 회색과 흰색의 차이를 만든다. 회색과 달리 흰색은, 가령 보일러나 빈 벽처럼 주로 눈에 띄지 않기를 바라는 사물에 쓰인다.

한편으로 회색은 때가 탄 색이다. 주거공간에서 역사란 사실적 지식도 아니고 그곳에서 살고 일하고 죽은 사람들에 대한 지식은 더더욱 아니다. 주거공간의 역사는 단순한 과거이자 그곳에 살았던 사람들의 추상적인 삶 자체다. 그러나 그것은 또한 오래전부터 있었고 이용되었고 보존되었다는 것을 의미한다. 닳고, 뾰족했던 것이 둥글어지고, 곧았던 것이 휘고, 모든 것이 약간씩 회색을 띠게 된다는 뜻이다. 이렇게 오래된 것들은 편안함을 준다.

역사의 흐름에 따라 구스타프 양식의 색상 팔레트 곁에 다양한 톤의 흰색과 진주색이 등장했고 그 다음에는 옅은 파스텔 톤이 추가되었는데, 특히 파랑과 연두가 사랑을 받았고 때때로 분홍도 애용되었다. 또한 하얗게 탈색한 나무마루와 아마인유페인트를 칠한 천장이 등장했다. 1900년 무렵의 생활개선운동 이후에는 액센트가 추가되었는데, 벽돌색 의자, 코발트색 서랍장, 초록색 책장처럼 때로는 다소 강한 액센트를 두기도 했다. 그러나 흰색 배경이 이런 액센트들의 충돌을 막아준다.

빌라 윅슬란 Villa Yxlan — 예산의 사치
에릭 안데르손

위치	스웨덴 윅슬란
건축주	마츠 발린 Mats Wallin, 페트라 뤼르베르그 Petra Ryrberg
완공	2011년
연면적	108㎡
대지면적	108㎡

집이 꼭 모든 기능을 갖추고 흥미로운 외양을 가져 만인의 인정을 받을 필요는 없다. 그저 집주인의 마음에만 들면 된다. 필요한 기능을 꼼꼼하게 계획하고 그것에만 집중함으로써 기능성을 최고 수준으로 높인다면, 제한된 예산으로도 충분히 사치를 누릴 수 있다.

스톡홀름 북쪽에 군집한 여러 섬 중 한 섬에 건축가 에릭 안데르손 Erik Andersson이 설계한 집이 있다. 이 집이 바로 그 예를 인상 깊게 보여준다. 언뜻 보면 외양은 이미 다양한 버전으로 수차례 지어졌던 전형적인 형태를 반복한 것 같다. 볼륨은 스칸디나비아의 기다란 집을 그대로 따랐다. 나무판을 덧댄 외벽은 스칸디나비아 주택에서 흔히 볼 수 있고 지붕을 덮는 가장 간단한 건축방식인 타르 지붕도 마찬가지다. 짙은 회색 외벽과 사방으로 난 커다란 문들이 시대에 맞는 외양을 완성한다(근대건축의 다른 사례에서도 이 같은 외벽과 문들이 발견된다).

그럼에도 불구하고 4인 가족을 위한 이 집에는 독특한 멋이 있다. 짙은 회색 건물이 기반이자 테라스인 나무 바닥과 절묘한 조화를 이룬다. 디테일에 정성을 쏟는 동시에 구성요소를 축소했는데 그 결과 정면에서 보이는 건 방 크기의 창문뿐이다. 부가적인 작은 창문도 없고 출입문도 없다. 단순함 그 자체다. 외부조명도 벽과 구별되지 않아 마치 없는 것처럼 느껴진다.

내부에서도 계획의 깊이를 바로 감지할 수 있다. 모든 공간의 배치가 간소하고 알룸이 집 한가운데에 있다. 흰색 정육면체의 조리대와 정갈한 싱크대 및 수납장을 갖춘 주방, 색상으로 포인트를 준 아르네 야콥센의 **시리즈7** 의자와 **슈퍼 타원형 테이블**로 구성된 식탁, 스칸디나비아 모던 디자인의 걸작들로 채워진 거실. 거실의자는 한스 베그너의 작품이고 소파는 옌스 율 에일러슨Jens Juul Eilersen의 작품이다.

알룸을 중심으로 동쪽에 안방이 있다. 이곳 역시 깨끗한 흰색이 지배한다. 침대를 제외한 모든 가구는 벽장이 대신한다. 알룸과 서쪽의 아이들 방 사이에 사우나를 갖춘 욕실이 있고 채광천창으로 쏟아지는 햇빛이 욕실을 환하게 채운다.

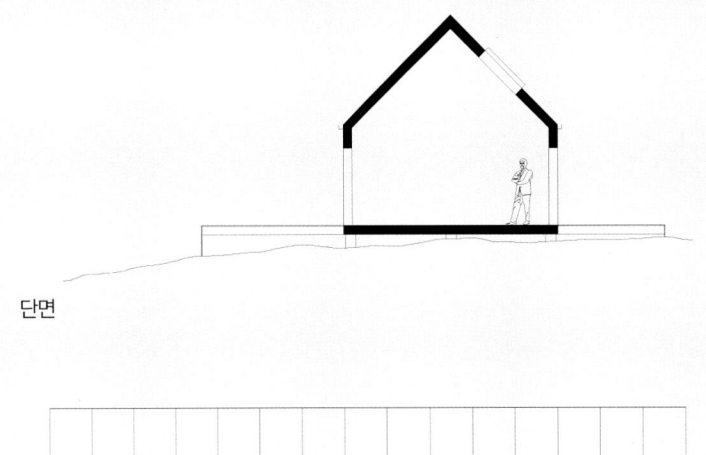

단면

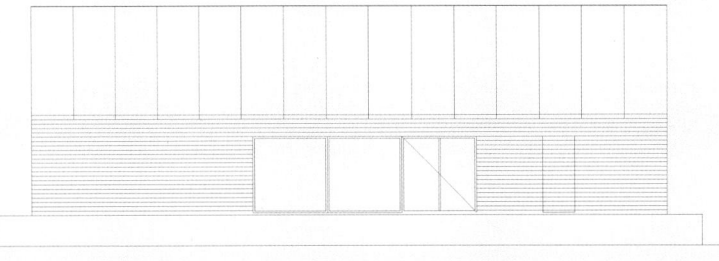

출입구 쪽에서 본 모습

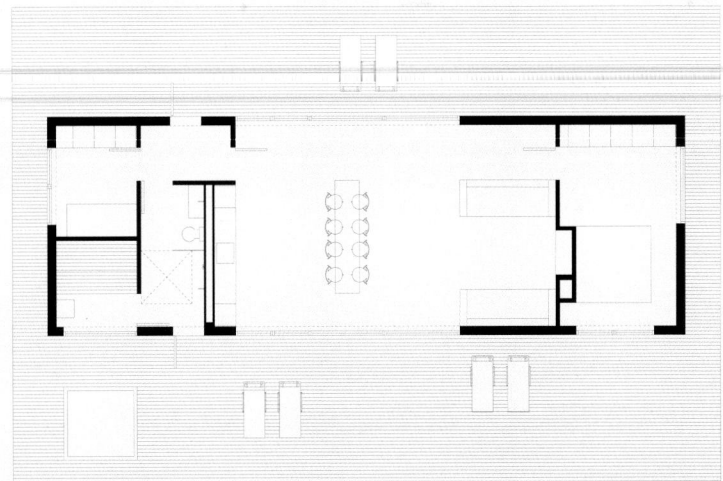

평면도

빌라 윅슬란의 정원 쪽 외관.
문들의 엄격한 대칭구조가 눈에 띈다.

이 집은 대조가 생명이다. 나무판을 덧댄 짙은 회색이 외관을 지배하는 반면 내부는 밝은 흰색으로 가득하다. 반듯한 모서리를 가진 붙박이 가구들이 기하학적 엄격함을 강조한다.

빛, 공간 그리고 여백

빛은 인테리어의 한 요소다. 빛은 공간을 밝히기만 하는 게 아니다. 공간과 그 안에 있는 사물들을 보이게만 하는 것도 아니다. 빛은 공간에 넓이, 깊이, 높이, 구조를 부여함으로써 공간을 창조한다. 밝음과 어둠의 교환 혹은 정도의 차이를 통해 각각의 사물을 강조하고 다양한 밝기의 여러 공간들을 만들어내기도 한다. 그러므로 첫 번째 문장을 이렇게 바꿔도 되리라. 빛은 인테리어의 가장 중요한 요소다.

또한 역사적으로 빛을 중요하게 다룬 양식이 많았다. 19세기의 실내 인테리어 디자이너들은 붉은 기운이 도는 황금색 인조 빛을 거울이나 윤이 나는 가구표면에 반사시켜 당시의 무거운 소재와 육중한 가구들을 멋스럽게 연출했다. 한편 지중해 국가들에서는 대개 안락함을 중시하지 않았기 때문에 식당에서조차 네온조명을 쓰곤 했다. 반면 스칸디나비아 국가들에서는 과거 백 년 동안 고유한 빛의 문화와 조명기술을 발전시켰다. 가능한 한 자연광을 주거공간에 끌어들이는 것을 이상으로 삼았다. 빛에 대한 이런 태도는 근대기와 밀접한 관련이 있다. 20세기 초 구속과 부자유의 어두운 과거에서 의식적으로 벗어나고자 했던 사람들이 큰 창문이 있고 사방이 탁 트인 밝은 공간을 통해 자연광을 집 안으로 끌어들였다. 그리고 자연광에 치유의 힘이 있고 밝을수록 치유의 힘이 강해진다는 믿음으로 백을 생으로 미끄렸다.

스칸디나비아의 빛 문화는 두 극을 중심으로 하는데, 이 두 극은 서로 대조되는 것처럼 보이지만 사실은 그렇지 않다. 한쪽 극은 커다란 창문이나 활짝 열린 유리문을 통해 집 안으로 쏟아져 들어오는 여름의 빛이다. 이 빛은 때때로 흰색 계열의 보드라운 커튼(완전히 닫히는 일이 드문)에 걸러져 더욱 부드럽고 은은해진다. 그리고 여름의 빛은 언제나 공간을 환하게 채운다. 다른 쪽 극은 금방이라도 꺼질 듯 깜빡거리는 촛불이다. 촛불은 늘 빛과 더불어 약간의 온기를 약속한다. 사실 촛불은 빛과 온기의 원천 그 이상을 상징한다. 그것은 안식과 공간적 깊이를 상징하고 자연과의 밀접한 연결을 상징하며 자연적인 삶(과 생활)을 추구해야한다는 의식을 상징한다.

사방이 탁 트인 밝은 공간이 안락하고 편안할 테고 '빛으로 가득한' 집이 무조건 좋을 거라는 생각은 착각이다. 절대 그렇지가 않다. 집에는 빛이 적게 들어오는 곳도 있어야 하고 그림자가 지는 곳도 있어야 한다. 그래야 보여야 할 것이 더 잘 보이고 눈도 편안하며 집이 안락하게 느껴진다.

빌라 드레브비켄 Villa Drevviken – 부드럽게 휘어진 파노라마
클라에손 코이비스토 루네 건축사무소

위치	스웨덴 파르스타
건축주	존 라슨 John Larsson
완공	2010년
연면적	280㎡

빌라 드레브비켄은 작은 시골도로와 스웨덴 동부를 흐르는 강 사이에 조각품처럼 서있다. 건물은 움푹 파인 지대 안쪽으로 사뿐히 들어가 자연과 부드럽게 어우러진다. 클라에손 코이비스토 루네 건축사무소의 건축가들은 주변 자연풍경에서 얻은 영감을 설계에 담았다. 바닥과 지붕조차도 주변지대의 곡선을 따랐다. 그러나 밝은 흰색 건물은 주변과 대조를 이룬다. 안으로 오므라들지만 그렇다고 물러서는 느낌을 주지는 않는다. 오히려 도로와 나란히 동행하는 외양이 흡사 공장이나 갤러리처럼 보인다.

좁은 앞마당을 가로질러 가운데에 있는 계단을 오르면 테라스에 도달한다. 집이 두 덩이로 나뉘어 있다는 것을 여기서 비로소 알게 된다. 왼쪽이 본채다. 화장실을 배치한 작은 정육면체가 출입구를 슬쩍 가리기 때문에 내부가 곧장 들여다보이지 않는다. 출입구 뒤로 식탁이 놓인 개방형 부엌이 있다.

부엌에서 작은 턱을 넘으면 거실이다. 거실에서만 유일하게 인접한 강이 곧장 내다보이지 않는다. 거실의 커다란 유리창으로 저녁 햇살이 들어온다. 시야를 가리는 중간 벽은 햇빛을 차단하는 동시에 부엌에 자연광을 양보한다. 좁은 복도를 따라가면 끝에 욕실과 드레스 룸이 딸린 침실이 나온다. 테라스의 오른쪽 건물에는 작은 사무실과 손님방이 있다. 공간마다 바닥의 높이가 다르다.

지붕의 파노라마 테마는 내부의 다양한 실내영역에서도 계속된다. 개별로 설치된 창들이 각각의 전망을 구성하고 주변의 자연풍경을 집 안으로 끌어들여 매혹적인 내부를 연출한다.

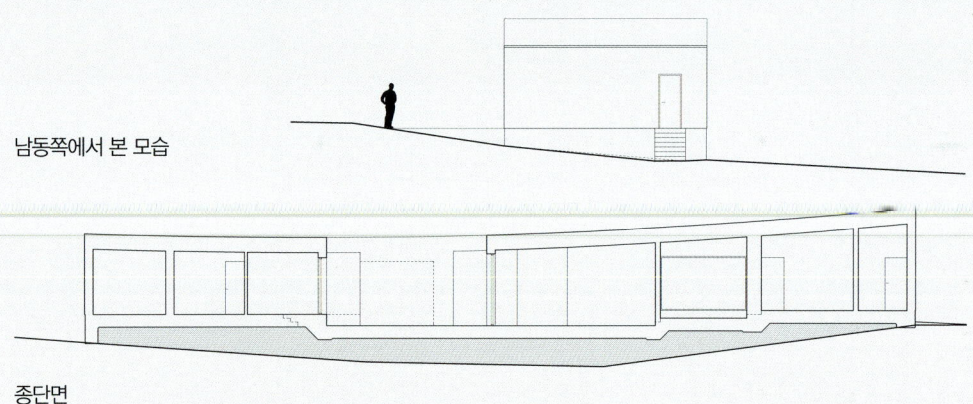

남동쪽에서 본 모습

종단면

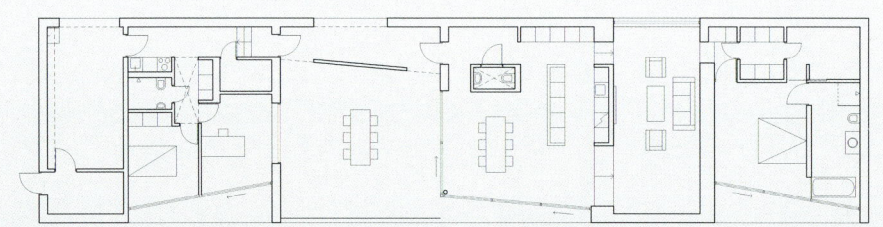

평면도

위: 커다란 서쪽 창을 통해 저녁 햇살이 거실로 쏟아진다.

아래: 식당 인테리어는 스칸디나비아 걸작들로 구성했다. 의자와 식탁은 한스 베그너의 작품이다.

빛, 공간 그리고 여백

창은 시야를 열어 자연풍경을 볼 수 있도록 조절해야 한다. 누군가 밖을 내다보고 싶으면 대개가 창의 오른쪽 모서리에 선다는 걸 고려하여 주변 벽들과 비스듬하게 창을 설치했다.

공간 배열과 레이아웃

공간이 있다. 디자인과 인테리어를 기다리는 밝고 조용한 공간이 있다. 이제 막 생긴 공간인지 과거를 가진 공간인지 정확히 알 수 없다. 그러나 과거를 가진 공간이라면, 어쩌면 나무마루에 불규칙하게 갈라진 틈이 보일 것이고 유리창과 문에 옛날 흔적이 남아 있을 것이다. 그러면 흡사 다른 시간 다른 곳에 있는 것 같다. 순간 공간은 아무도 손대지 않은 과거로 돌아간다. 공간은 칠판과 같다. 과거에 뭔가가 수없이 적혔다 지워지기를 반복했던 칠판. 과거에 적혔던 것이 분필 흔적이나 긁힌 자국으로 남아 있으면 다시는 그 위에 뭔가가 적히지 않는 칠판.

이런 역사성을 얻으려면 두 가지가 있어야 한다. 첫째, 사물과 공간 사이에 상호관계가 있어야 한다. 이를테면 가구와 공간, 공간과 집, 집과 주변 환경, 주변 환경과 마을 사이에 상호관계가 있어야 하는 것이다. 왜냐하면 공간들의 관계에서 역사가 드러나기 때문이다. 둘째, 쓰임새가 있어야 한다. 이를테면 푸른 녹이 든 골동품이 어디에서든 나름의 쓰임새를 드러내는 것처럼 사물의 쓰임새가 어떻게 바뀌는지 고려해야 한다. 이것이 갖추어졌을 때 비로소 스칸디나비아 공간의 특징인 역사성이 생긴다.

다소 추상적으로 들릴 것이다. 그러나 스칸디나비아의 실내건축에서 가장 사랑받는 요소 하나를 보면 금세 명확해진다. 스칸디나비아 건축에서 실내공간들은 일직선상에 놓인다. 이런 구조는 결합과 연합뿐 아니라 진보와 개방의 의식도 전달한다. 일직선상의 배열은 멀리 뻗어나가는 확장된 공간을 연출한다. 이런 방식의 공간 배치는 누구나 알 수 있듯이, 두 가지 역사적 표본을 갖는다. 하나는 북유럽 국가에서 '랭가länga'라 불리는 전통적인 농촌 가옥으로, 좁고 기다란 직사각형 모양(랭가의 폭은 들보의 길이에 따라 정해지기 때문에 8미터를 넘는 일이 드물다)의 단순한 건물이다. 다른 하나는 고전주의 양식의 대저택이다.

벽은 공간을 규정하는 중요한 요소다. 그렇다 하더라도 존재 이유 이상으로 벽을 강조할 필요는 없다. 벽에 맞춰 인테리어를 하면 안정감이 덜하다. 그리고 각각의 가구들이 벽의 크기와 비율에 강하게 의존할수록 안정감은 더 떨어진다. 때문에 가구의 외양, 크기, 무게감에 따라 그리고 무엇보다 요소들 간의 상호관계에 따라 적절히 차등을 둔다. 같은 까닭으로 엄격한 대칭은 피한다. 대칭은 자칫 과도한 통제로 느껴질 수 있기 때문이다.

빌라 위그네 Villa Ygne — 해변 뒤의 탑

산델 산드베르그 건축사무소

위치	스웨덴 위그네
건축주	올로프 회그스트룀 Olof Högström
완공	2008년
연면적	128㎡
대지면적	164㎡

대륙에서와 달리 스칸디나비아 반도에서는 대개가 주말별장이나 여름별장을 갖고 있다. 그들이 부유해서가 아니라 대부분 시골 출신이고 작은 땅이나 집이 여전히 고향에 남아있기 때문이다. 그리고 방학이나 휴가가 여름에 있기 때문이기도 하다. 여름방학이 일반적으로 6월 중순에서 8월 중순까지 이어져 방학 내내 외국여행을 하기는 힘들다. 여름별장은 일반 주택과 똑같이 안락하고 겨울철 대비도 잘 되어 있지만, 이름 그대로 정말 주말에만 갈 수 있을 정도로 거주지에서 멀리 떨어져 있다.

외벽에는 볼록한 나무판을 덧대었고 지붕 모서리는 스테인리스 강철판으로 마감했다.

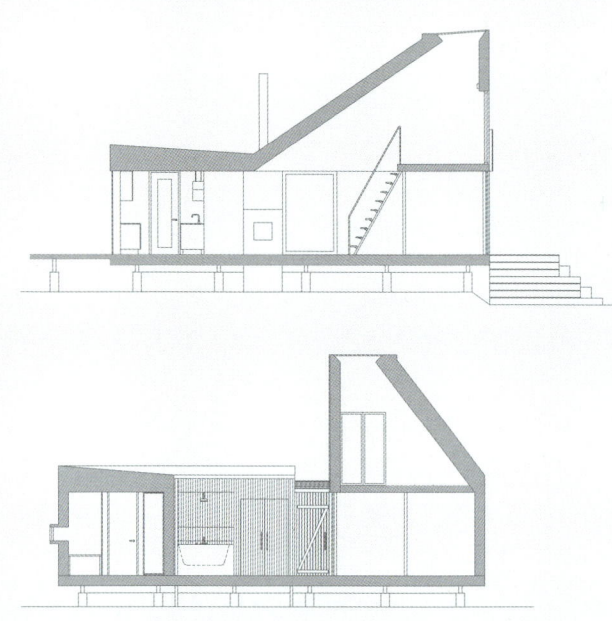

단면

고들란드 섬에서 가장 큰 도시인 비스뷔의 외곽 지역 위그네에 여름별장이 모인 작은 주거지가 생겨났다. 스톡홀름에 위치한 산델 산드베르그 건축사무소가 이곳에 첫 여름별장을 지은 2008년 이후 똑같은 집 열 채가 더 들어섰다. 해안가 작은 숲 자락에 있는 여름별장은 자연을 최대한 보존해야 했다. 그 결과 집으로 향하는 길과 다른 건물들이 비교적 눈에 잘 띄지 않는다. 땅을 파헤치지 않기 위해 받침대를 세워 그 위에 집을 지었고 선박 설계를 차용하여 건축면적과 구성을 최소화했다. 그 대신 공간 활용의 효율성을 최대화했다.

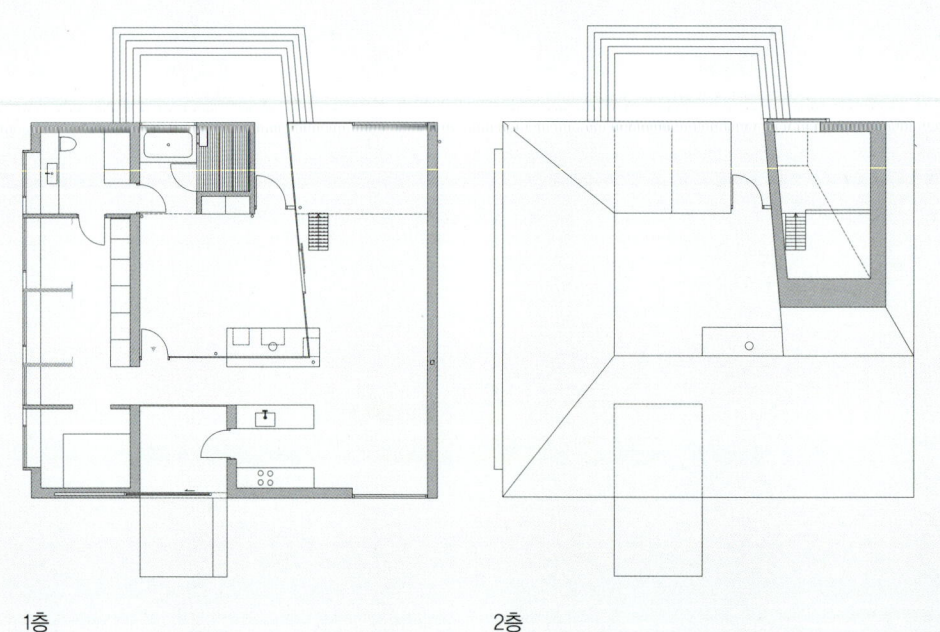

1층   2층

빌라 위그네의 외양 중에는 특히 외벽과 색상이 많이 거론된다. 주변의 숲도 인테리어의 일부로 보아야 마땅하므로 당연히 골조와 표면에 나무를 많이 이용했고, 그리하여 건물이 주변 환경과 전혀 대조되지 않는다. 색상 선택 역시 집과 숲을 연결하는 데 초점을 맞췄다. 그 밖에 각각의 별장이 시각적으로 서로 방해하지 않는 효과가 덤으로 생겨 거주자들은 '나의 숲'에 머무는 기분을 만끽할 수 있다.

바라보는 각도에 따라 지나치게 검소해 보이거나 뾰족하게 솟은 지붕 때문에 거의 교회처럼 보이는, 연면적이 120제곱미터가 약간 넘는 집들이 생겨났다. 집 한복판에는 나무판자를 깐 작은 안마당이 있고 안마당 한가운데에 목련나무가 서 있다. 거실 겸 부엌으로 가는 출입구는 통유리로 된 슬라이딩도어를 써서 경계를 모호하게 했다. 벽난로는 안과 밖 모두에서 사용할 수 있다. 바깥 벽난로는 안마당에서 쓸 수 있는데 그러므로 안마당은 밖임에도 불구하고, 아니 밖이기 때문에 자연적인 내밀한 공간이 된다. 그리고 거실과 온실의 유리벽 때문에 집 전체가 주변의 자연을 향해 활짝 열려 있는 것처럼 보인다. 그러나 이곳의 어떤 별장도 이웃집이나 밖에서 안을 들여다볼 수 없다.

거실 맞은편에 침실들이 있다. 아이들은 선박의 객실을 모방한 작은 침실에서 잔다. 그러나 선박의 주방이 있어야 할 자리에는 상대적으로 큰 욕실이 들어섰다. 유리칸막이로 분리된 각 공간에는 유명인들만 쓸 것 같은 호화로운 욕조와 멋진 전망 그리고 작은 사우나가 있다. 거실 위로 높이 솟은 지붕이 이 집의 포인트다. 탑처럼 솟은 이곳의 특별한 기능은 전망대이다. 이곳에 서면 나무들 사이로 바다가 내다보인다. 거실에서 올려다보면 탑은 오픈플로어를 하나로 모아주는 동시에 넓은 거실에 빛을 뿌려 열린 느낌을 준다.

선박 건조의 많은 요소가 빌라 위그네의 건축에 적용되었다. 선박의 작은 객실을 모방한 아이들 침실(위). 위에 올라 자연풍경과 집을 조망할 수 있는 다리(왼쪽).

빛, 공간 그리고 여백 83

공간구조, 배치, 빛

공간이 환할수록 사물은 존재감을 잃는다. 온통 새하얀 공간에서는 사물의 윤곽과 크기를 가늠하기가 어렵다. 사물의 존재를 드러내는 요소 중 첫째가 명암이기 때문이다. 정확히 말해, 사물의 선을 살리고 입체감을 부여하는 다양한 밝기의 명암이다. 둘째는 색상이다. 스칸디나비아 건축에는 순백색으로 입체감을 없앰으로써 공간을 확장하는 경향이 있다. 이런 순백색은 사물을 드러내지 않고 디테일을 살리지도 않는다. 사물이 상호간에 스며들어 합쳐지게 한다. 심지어 밝은 한낮에는 순백색의 공간이 거의 이 세상이 아닌 구름 너머의 하늘나라 같다.

그러나 여름이 지나 낮이 점점 짧아지고 햇살이 비스듬히 기울어 따사로움이 그리워질 때가 되면 어디서 빛을 찾을 수 있을까? 빛은 밝은 표면에 반사되어 온다. 테이블이나 바닥 표면보다는 주로 벽에 반사된다. 그러면 공간의 밝기에 차등이 생긴다. 차등을 만들어내는 빛이 천장 한복판에 달린 전등에서 나오는 경우는 드물다. 이런 조명은 공간을 중앙으로 집중시키고 짙은 그늘을 만들어내기 십상이다. 사실 식탁 위에만 있으면 되는 빛이기도 하다. 한 공간에 다양한 조명을 두면 밝기에 차등을 둘 수 있다. 한 공간이지만 구역마다 조금씩 다른 밝기가 생기는 것이다. 그리고 공간에 들어섰을 때 눈에 띄는 것은 조명이 아니라 빛을 반사하는 밝은 벽이나 윤이 나는 테이블 표면이다.

현대박물관으로 유명한 스톡홀름 멜라렌의 한 섬에 위치한 스켑스홀멘 호텔. 이 건물은 1700년경에 지어졌고 해군들이 여러 용도로 사용하곤 했었다. 그러나 몇 년 전 클라에손 코이비스토 루네 건축사무소의 설계에 따라 호텔로 바뀌었다. 기본설비가 이미 갖춰져 있었기 때문에 '빛의 건축'을 통해 분위기만 약간 바꾸었다.

빛, 공간 그리고 여백 85

세계적으로 유행하는 현대적이고 기능적인 건축양식이 있다. 이 양식으로 지어진 건물들은 사무실이든 개인주택이든 거의 다 비슷비슷하다. 스웨덴, 시칠리아, 캘리포니아, 뉴질랜드, 싱가포르 모두 마찬가지다. 물론 건축의 문화적, 경제적, 기후적 조건은 다양하다. 자연광 또한 저마다 다르다. 햇빛에도 차이가 있기 때문이다. 남유럽에서는 햇빛이 비교적 위에서 수직으로 비추지만 북유럽에서는 비스듬히 비춘다. 가령 스톡홀름이나 오슬로 혹은 헬싱키는 대략 위도 60도에 위치한다. 그곳에서는 6월이면 해가 밤 10시경에 지고 노을이 오래도록 머물며 새벽 4시경에 다시 뜬다(반면 남반구 저편의 대략 위도 55도인 티에라델푸에고 제도에는 아무도 살지 않는다). 겨울에는 어떤가? 그때는 낮이 겨우 7시간, 길어야 8시간이다.

그러나 비스듬히 떨어지는 빛은 조명 효과를 낸다. 이런 빛은 위에서 곧바로 떨어지는 빛보다 표면이나 소재의 특징을 더 명확하게 드러낸다. 게다가 겨울 빛에는 구성능력이 있다. 겨울 빛을 잘만 다루면, 물리적 무게감은 물론이고 더 나아가 안정감을 전달할 수 있다. 시종일관 밝은 공간(또한 유리주택도)은 근대건축 초중기의 과장에 속한다. 그럼에도 불구하고 밝음이 곧 깨끗함인 것처럼 이해되어 오늘날에도 여전히 여러 곳에서 이런 공간을 연출한다. 하지만 빛을 실용적으로 다루고 다양한 조명으로 공간에 깊이와 넓이를 부여하는 것이 훨씬 의미 있다. 즉, 큰불보다 작은 모닥불을 피우는 것이 더 운치가 있는 것이다. 스칸디나비아 국가들에서 밤이 긴 계절에(그러나 또한 여름에도) 촛불이 많은 사랑을 받는데, 그 까닭은 이용 가능한 가장 작고 조화로운 빛이기 때문이다.

근대건축의 위대한 스칸디나비아 건축가들은 모두 빛의 대가들이다. 명암을 다루는 데도 탁월하다. 개인적인 작업공간을 구성할 때 빛을 빚으려 애썼던 알바 알토(직접 비추는 조명이 하나도 없다. 그러나 그늘도 없다), 클리판의 성페트리교회에 있는 깨달음을 상징하는 '영원의 빛'을 디자인한 시구르드 레베렌츠Sigurd Lewerentz, 스톡홀름에 스켑스홀멘 호텔을 지으면서 스웨덴의 고전주의를 새롭게 해석하고 조명을 최대한 햇빛에 의존했던 클라에손 코이비스토 루네 건축사무소가 여기에 속한다. 이들은 모두 빛을 인테리어 소품처럼 다뤘다.

스칸디나비아 건축에서 빛은 내부 인테리어에서 가장 중요한 요소로 취급된다. 그러나 그것은 윤이 나는 표면에 반사되는 침침한 빛이 아니다. 북유럽의 빛을 보다 정확히 이해할 필요가 있다. 여름의 빛으로 공간을 구성하는 것이 가장 이상적이지만 어두워져야 한다면 어두워져야 한다.

빛, 공간 그리고 여백 87

타운하우스 란스크로나
Townhouse Landskrona
– 구시가의 길쭉한 집
엘딩 오스카르손 건축사무소

위치	스웨덴 란스크로나
건축주	코니 알그렌Conny Ahlgren,
	조니 뢰카스Johnny Lökaas
완공	2009년
연면적	125㎡
대지면적	80㎡

길 쪽의 매끈한 외벽이 아연판을 덮은 지붕까지 높이 솟았다. 눈에 보이는 거라곤 이웃집들과 비율을 맞춘 출입구와 정사각형의 창들뿐이다.

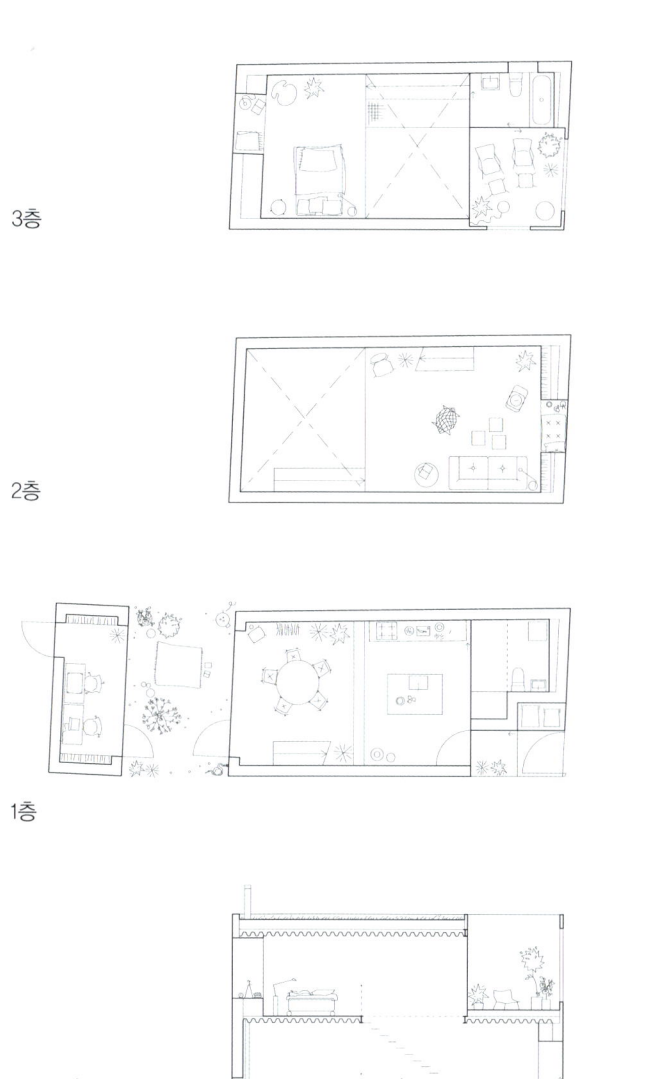

3층

2층

1층

종단면

길에는 율석이 깔렸고, 길과 집 사이에 경계가 없어 마치 율석 위에 집을 지은 것처럼 보인다. 길과 집을 구분해 줄 앞마당도 없고 현관으로 안내하는 연석도 없다. 길을 따라 다닥다닥 줄 맞춰 선 각양각색의 이웃집들은 대개가 단층이고 외벽의 색상과 구조가 제각각이며 지붕도 어떤 집은 박공지붕[지붕면이 'ㅅ'자 모양으로 경사진 지붕-옮긴이]이고 어떤 집은 맨사드 지붕[상부를 완만한 경사로, 하부는 급경사로 처리하여 2단으로 경사진 지붕-옮긴이]으로 통일감을 전혀 주지 않았다. 이것은 스웨덴의 남서쪽 끝과 덴마크 수도 코펜하겐을 연결하는 외레순드 지역의 여러 소도시와 어촌들에서 흔히 볼 수 있는 거리풍경이다.

빛, 공간 그리고 여백 89

스웨덴 남서쪽에 위치한 해안도시 란스크로나의 구시가에 거리풍경을 모던하게 바꾸는 집이 한 채 들어섰다. 5미터 폭에 면적이 75제곱미터밖에 안 되는 작은 건축부지에 엘딩 오스카르손 건축사무소가 지은 집이다. 건축부지의 폭이 좁아 집의 옆면이 길 쪽을 향하게 되었고 여러 층을 올림으로써 비좁은 건축부지의 문제를 해결했다. 결국 이웃한 집들에 비해 높게 솟았다.

길 쪽으로 난 옆면은 선명한 직선과 새하얀 외벽 때문에 주변 집들 사이에서 유독 눈에 띈다. 그러나 과도하게 나서지는 않는다. 오히려 그 반대로, 이웃한 집들과 달리 옆으로 돌아앉았다. 뿐만 아니라 길과 나란한 시선으로 보면 주변 집들에 섞여 눈에 잘 띄지 않는다. 오히려 흰 외벽이 이웃한 구 가옥들을 강조한다. 건물 앞에 멈춰 서서 똑바로 올려다봐야 비로소 커다란 창과 출입구를 가진 단출한 외벽이 눈에 들어온다.

예술품수집가이자 상점건축가인 건축주는 갤러리를 겸한 거실을 원했다. 안으로 쏟아지는 햇빛의 각도와 거기에 맞춘 공간배열이 중요했다. 1층에 주방과 식당이 있는데, 이 구역은 3층까지 하나로 뚫려있다. 부엌 뒤편에 작고 내밀한 안마당이 있고 조리대 위편에는 갤러리와 서재를 겸한 거실이 있다. 2층에는 전반적인 개방성과 비교했을 때 숨겨진 것처럼 보이는 침실이 있다. 섬세함이 돋보이는 좁은 육교를 건너면 욕실에 다다르는데 이 욕실 옆에는 골목길과 이웃집이 내다보이는 옥상테라스가 있다. 기발한 층 나눔이 낮은 천장의 단점을 없앤다. 갤러리와 서재를 겸한 거실의 배치는 비좁은 느낌을 없앨 뿐 아니라 빛을 조절하여 건물 구석구석을 밝히는 동시에 공간감을 살린다.

공장처럼 보일 만큼 조야한 건축양식에도 불구하고 층간이 오픈된 생기 있는 주거공간이 생겨났다. 내부 인테리어는 스칸디나비아 걸작들(예를 들어 보르게 모겐센의 식탁세트)과 최신 디자인들(특히 덴마크기업 헤이의 상품들)을 엄선하여 혼합했다.

안과 밖의 관계

근대 초, 그러니까 대략 1920년대에 벽이 점점 투명해졌다. 벽은 기본적으로 보호와 온기를 주는 기능을 가진다. 그런데 투명한 벽은 이제 새로운 주거생활의 기본으로 통한다. 안과 밖의 경계를 모호하게 함으로써 주거공간(적어도 거실)을 실제로 주변 자연(혹은 주변 건축물)까지 확장할 수 있는 것이다. 오늘날 안과 밖의 유동적인 경계는 당연한 필수조건이다. 이것은 근대 건축소재의 성과일 뿐 아니라 빛과 공기 안에서 건강하게 살고자 하는 생활개혁 요구에서 나온 문화적 성과이다.

돌과 나무가 있던 자리에 유리가 들어왔다. 유리는 안과 밖의 경계를 시각적으로 없애는 건축소재이다. 안과 밖의 열린 경계가 스칸디나비아 건축에서 갖는 중요도는 창문의 넓은 면적에서뿐 아니라 좁은 창틀에서도 드러난다. 이런 창틀은 기본적으로 문을 바깥쪽으로 열어야 하기 때문에 에너지 효율 면에서 적합하지 않은데도 불구하고 열린 경계를 위해 선택된다.

스칸디나비아 건축에서 유리가 중요한 구실을 하는 또 다른 까닭이 있다. 밖을 향한 시선, 바로 전망이다. 좁은 부지에 집을 높이 올려야만 하는 지역에 비하면 땅이 넉넉하고 비싸지 않은 지역에서 전망을 확보하기는 당연히 쉽다. 그러나 그런 곳에서조차 전망은(유리와 마찬가지로 대중들에게 부각되기까지 수백 년이 걸린 문화역사적으로 뒤늦은 성과다) 건축물에서 가장 높이 평가되는 특징이다. 전망에 대한 요구는 창과 창틀 그리고 돌출창, 즉 '베이 윈도우 Bay window'를 통해 다양한 방식으로 채울 수 있다.

돌 창턱을 가진 가로로 긴 창이 근대건축의 표준이었다. 그것은 파노라마 전망을 가능케 하고 부분적으로 낮은 천장 혹은 적어도 그렇게 보이는 천장의 단점을 보완한다. 그러나 이미 오래전에 세로로 긴 창이 귀환했다. 긴 창이 빛을 더 잘 들게 하기 때문이고 추측컨대 인체와 잘 맞았기 때문이리라. 그리고 주택건축이 벽을 창으로 대체하기에 적합한 지역, 즉 전원지역으로 물러나면서 브루노 마트손이 50년 전에 베르나모의 집에 썼던 것과 같은 반투명한 소재가 다시 인기를 얻었다.

군도 후사뢰 Archipelago Husarö – 해안의 각도에 맞춰
탐&비데고르드 건축사무소

위치	스웨덴 스톡홀름
건축주	개인
완공	2006년
연면적	130㎡

괴테보르크와 스톡홀름 주변의 암초섬들은 도시인들이 즐겨 찾는 휴양지다. 대부분의 섬에는 변변한 도로조차 없고 섬으로 가는 교통편도 배밖에 없기 때문에 아예 땅을 사서 이곳에 여름별장을 짓는 도시인들이 많다. 이곳의 부지는 거칠고 건축하기가 어렵다. 그러나 그것이 오히려 건축가들의 도전정신을 자극하는 것 같다. 건축가들은 이곳에 건물을 세우고 어깨에 힘을 주고 싶어 한다.

스톡홀름에 있는 탐&비데고르드 건축사무소도 마찬가지였다. 후사뢰 섬에 여름별장을 지어달라는 의뢰를 받았는데 예상대로 건축조건이 매우 나빴다. 섬에 도달할 수 있는 방법은 배뿐이고 해안가는 가파른 언덕이어서 집을 지을 수 있는 부지는 커다란 암벽 사이의 작은 고원이 전부였다. 이런 조건에 맞춰 구조를 잡고 공간을 배분하다 보니 고원을 거의 꽉 채우는 평행사변형의 목조주택이 지어졌다. 물에 맞는 설비를 서쪽에, 해에 맞는 설비를 남쪽에 두기에는 이런 형태가 안성맞춤이었다. 대신 정면의 형태가 매우 독특해졌다.

안방, 부엌, 거실 같은 모든 주요 공간들은 계단식으로 분할된 앞쪽에 배치했다. 이곳에서 바다가 내다보이고 자연광이 저녁 늦은 시간까지 공간을 비춘다. 뒤쪽에는 아이들 침실과 손님방, 그리고 기능공간들이 있다. 앞쪽에는 넓은 옥외공간을 두어 테라스로 이용할 수 있게 했다. 건물 외양은 옆으로 누운 것 같지만 세로로 분할된 정면의 짙은 색 목재가 주변을 둘러싼 가문비나무숲과 시각적으로 조화를 이룬다. 종종 불어 닥치는 바람으로부터 보호하기 위해 정면의 유리외벽을 테라스 안쪽에 두었다.

내부에는 오일을 바른 은은한 색상의 참나무 목재를 주로 썼다. 침대나 옷장 같은 커다란 가구들은 가구공이 직접 섬으로 와서 제작했다.

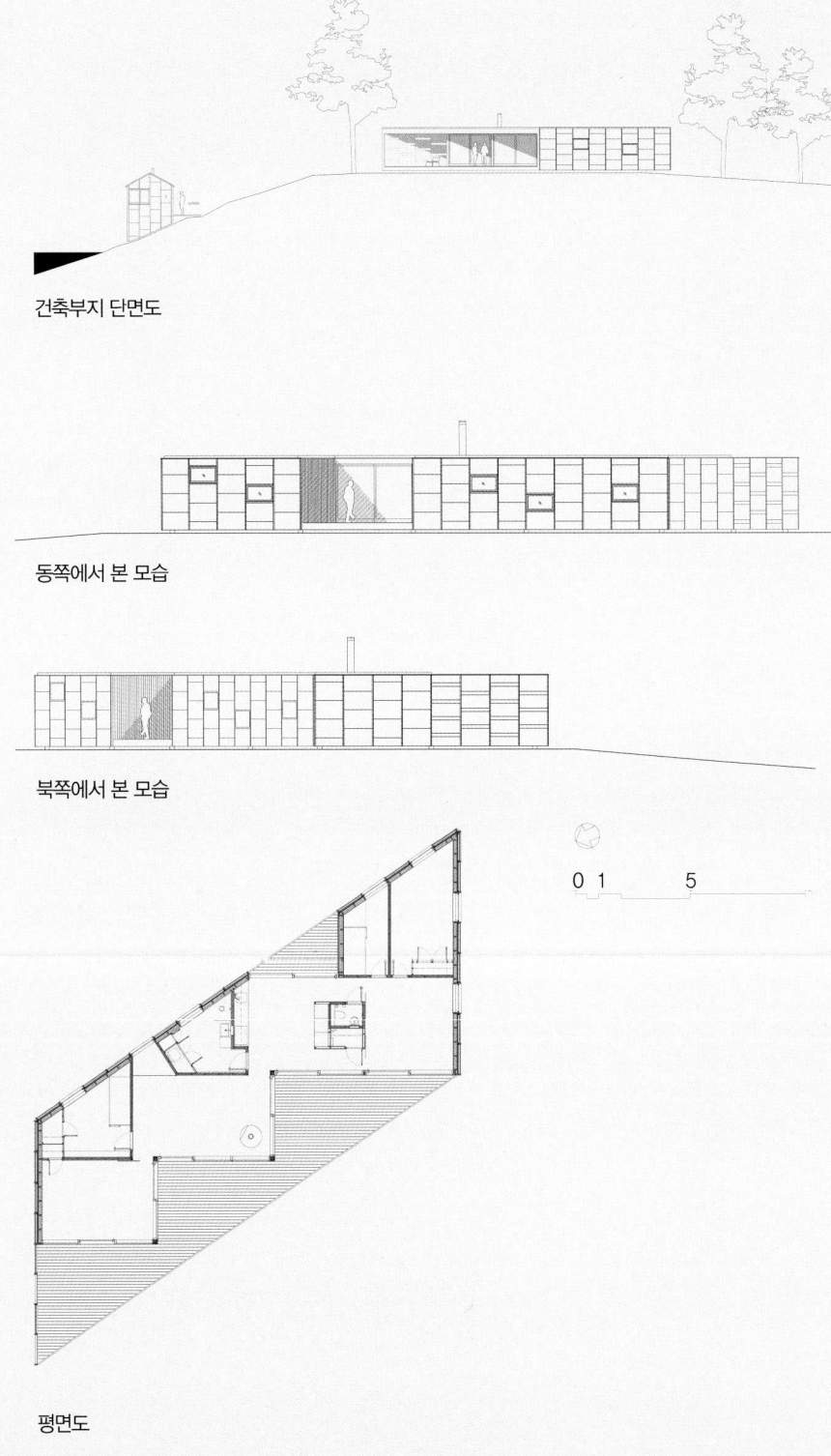

건축부지 단면도

동쪽에서 본 모습

북쪽에서 본 모습

평면도

지형과 지질을 고려하다 보니,
독특한 형태의 집이 탄생했다.

빛, 공간 그리고 여백 99

빛, 공간 그리고 여백 101

북유럽 자연풍경 속의 빛. 스칸디나비아 국가들에서 창은 어두운 밖을 밝히는 빛으로 취급된다. 인구밀도가 낮은 전원 지역에서는 집 하나하나가 중요한데, 여기서 이런 전통이 유래한 것 같다. 아무튼 창을 조명처럼 연출하는 것은 이미 오래전부터 당연시되었다. 창가에 전등을 놓아 간단히 해결할 수도 있지만 창으로 그런 효과를 내려고 시도한 결과 건축적으로 높은 수준에 이르렀다.

공간과 기능: 북유럽 국가의 건축과 주거

북유럽의 단순한 디자인 뒤에는 실용성을 중시하는 풍속이 깔려있다. 이런 풍속은 장식을 불필요한 잉여이자 무책임한 것으로 보이게 한다. 달리 말하면, 단순함 속에는 금욕(禁慾)·고행(苦行)의 이상, 꼭 필요치 않은 것을 버림으로써 선하고 본질적인 것에 다가갈 수 있으리라는 소망이 담겨있다. 그러므로 이런 단순한 디자인은 디자인으로 끝나지 않고 도덕적 과제와 연결된다.

오픈플로어플랜(스웨덴의 건축용어로 en öppen planlösning)은 모든 서구세계의 근대건축 및 인테리어의 특징이다. 스칸디나비아 양식의 건물뿐 아니라 개조한 공장이나 로프트, 그리고 평범한 주택들도 대부분 오픈플로어플랜을 따른다. 오픈플로어플랜에서는 거실, 식당, 주방이 넓게 한 공간처럼 열려있는 반면 안방과 아이들 방은 대체로 작다. 만약 작업실이나 서재가 있으면 이런 공간들은 종종 특별한 지위를 갖는데, 조건이 허락한다면 역시 오픈플로어로 한다.

오픈플로어플랜은 상징적인 해석이 가능하다. 이를테면, 이 양식은 고유한 규모와 요구에 맞게 공간을 꾸미기보다 적당한 공간을 찾아 옮겨 다니는 현대인의 유목생활을 반영한다. 혹은 인간을 보잘것없는 존재로 축소하고 본질로 귀의하는, 거의 신성화된 공간 개념으로의 전환을 반영한다. 그러나 눈에 보이는 모습으로만 해석하면, 오픈플로어플랜은 두 가지 효과를 목표로 한다. 하나는 탁 트인 넓은 공간감이고 다른 하나는 조화롭고 짜임새 있는 외양이다. 이 두 관점에서 오픈플로어플랜은 시각적 안정감을 전달한다.

빌라 플러스 Villa Plus — 해안가의 나무줄기처럼

발데마르손 베르그룬드 건축사무소

위치	스웨덴 스톡홀름
건축주	개인
완공	2008년
연면적	250㎡

스톡홀름 주변의 섬들은 대개가 나지막하다. 그래서 발트해는 더욱 평화로워 보인다. 가을과 겨울에는 때때로 거칠어지는데, 그러면 겨울파도의 거품이 육지 깊숙이까지 밀려오기도 한다. 이런 까닭에 해안 근처에는 건물을 세우지 않는다. 부득이한 사정으로 어쩔 수 없을 때는 경사를 충분히 두어 높은 곳에 건물을 지어야 한다. 그럼에도 불구하고 발데마르손 베르그룬드 건축사무소는 해안 근처에 집을 지어달라는 의뢰를 받아들였다. 건축주는 4인 가족이 사계절 내내 지낼 현대식 주택을 원했다. 건축부지의 악조건에도 불구하고 매혹적인 전망 때문에 말이다.

해안으로 떠밀려온 거대한 통나무처럼 둑에 굳건히 자리한 실용적 외양의 현대식 빌라가 지어졌다. 궂은 날씨에는 파도가 집까지 밀려오기 때문에 단을 세우고 그 위에 집을 지어 최대한 자연을 거스르지 않도록 노력했다. 다듬지 않은 소나무판을 덧댄 외벽은 시간이 흐르면서 색이 바래 주변의 회갈색 나무줄기와 똑같아졌다. 내벽에도 소나무판을 써서 안과 밖의 경계가 모호하다. 발트해를 향한 유리벽이 시야를 열어준다.

선창에서 오랜 오솔길을 따라와 계단 위의 작은 테라스에 서면 집과 마주하게 된다. 긴 막대 모양의 1층과 2층이 여기서 서로 교차한다. 바람막이 공간이 손님을 맞이하고 집의 온기가 새나가지 않게 막는다. 이 공간은 또한 사적인 영역과 가족공용공간을 분리한다. 바람막이 공간에서 오른쪽으로 가면 곧장 커다란 식탁과 벽난로가 있는 부엌 겸 거실에 도달하고 왼쪽으로 가면 침실과 욕실에 도착한다. 침실 세 개와 욕실에는 벽 전체를 덮는 커다란 유리창이 있다.

정면에서 보면 네모난 작은 상자를 올려놓은 듯한 2층에 작업실이 있다. 작업실에서는 유리벽을 통해 바다로 시야가 열리지만 뒤편에 마련한 서재에서는 계단 벽 때문에 바다가 보이지 않는다. 기대앉아 공부를 하거나 책을 읽을 수 있게 계단 벽 뒤에 자리를 만들어 놓았다. 그러나 이것은 잠시나마 발트해를 잊게 하기 위한 배치이기도 하다.

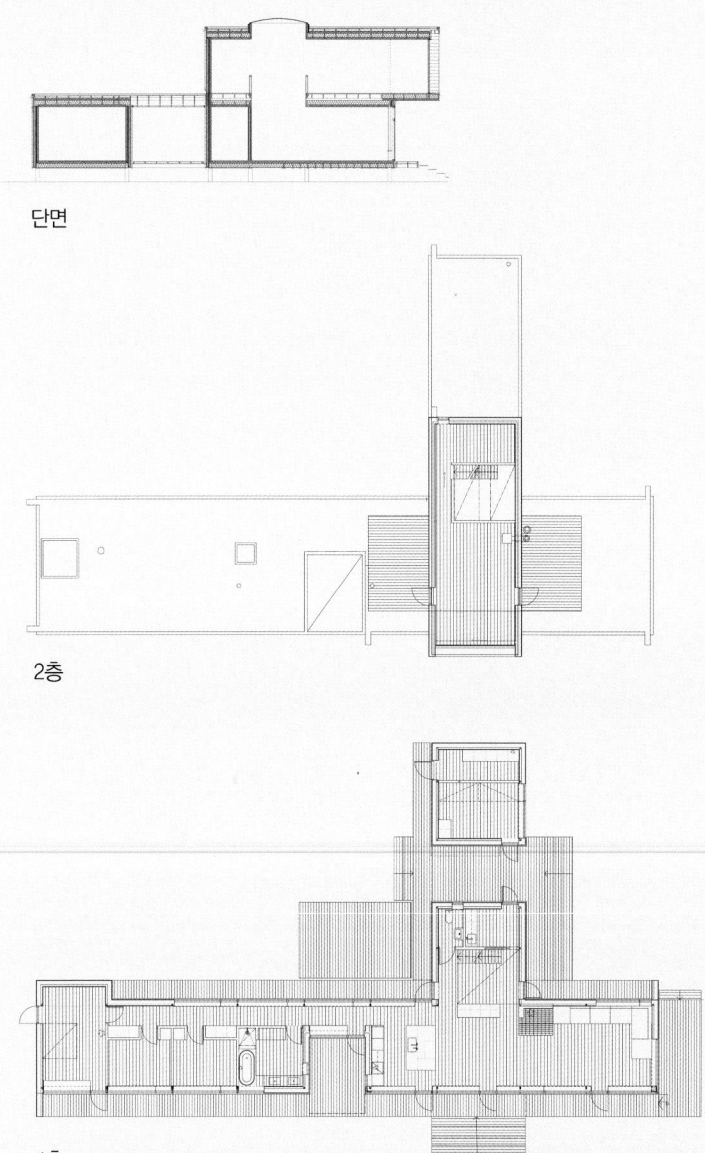

단면

2층

1층

빌라 플러스 어디에나 바다가 있다. 모든 방에서 커다란 유리를 통해 바다를 볼 수 있다. 이런 전망이 식상해지지 않도록 하기 위해(혹은 눈에 들어오게 하기 위해), 2층 유리벽에는 테두리를 두어 액자처럼 만들었다. 관찰자가 선 위치에 따라 시야의 폭이 정해지고 무한한 자연이 유한한 액자 속으로 들어온다.

손질하지 않은 똑같은 나무판을 외벽과 내벽의 마감재로 써서 안과 밖을 일치시켰다. 이런 조화를 깨지 않기 위해 나머지 요소들은 검정색으로 칠했다. 다만, 출입통로와 식당을 분리하는 진한 빨강색 수납장이 홀로 강한 신호를 보낸다. 카를 말름스텐Carl Malmsten이 디자인한 **릴라 올란드**Lilla Åland 의자처럼(110쪽 오른쪽 사진의 계단 아래) 가구들도 어두운 색으로 선택했다.

욕실과 침실은 매우 단순하다. 반듯한 네모의 단순성이 과해 보이기까지 한다. 그러나 웅대한 느낌을 주는 커다란 유리창이 호화로움을 더한다.

주방과 식탁

스칸디나비아 국가들의 부엌은 유럽대륙의 부엌과 유사하다. 싱크대와 주방가구들이 붙박이로 설치되고 널리 사랑을 받는 60×60센티미터 크기의 모듈가구로 구성된다. 모듈 부엌은 사회복지 공공주택이 대대적으로 등장했던 1960~70년대에 생겨났는데 저작권은 덴마크와 스웨덴에 있다. 그러나 저작권이 뭐 그리 중요하겠는가. 더 중요한 건 차이점이다. 스칸디나비아 국가들의 부엌에는 첫눈에 인식하기 힘든 차이점이 있다. 스칸디나비아 국가들에서 부엌은 집에 포함되는 고정된 설비이자 구성요소인데 [독일에서는 부엌에 수도만 연결되어 있기 때문에 싱크대를 비롯한 모든 주방설비를 거주민이 마련해야 한다. 그렇기 때문에 독일 사람인 저자에게는 이것이 차이점으로 보였을 테다—옮긴이] 이것은 임대주택에서도 마찬가지다. 스칸디나비아 주방은 첫째, 대체로 넓다. 가령 스웨덴에서는 1980년대에 이미 냉장고와 냉동고를 따로 두는 것이 기본이었다. 둘째, 개조나 대체가 쉽다. 그리고 셋째, 대륙의 모든 부유층이 과거에 일상적으로 사용했던 웅장하고 화려한 비싼 주방이 이곳에서는 외면을 받았다. 가령 레인지의 경우, 역사 깊은 가스버너처럼 웅장하면서 붙박이 설치가 불가능한 요소들이 점차 인기를 끌던 시기에도 스칸디나비아 부엌은 달랐다. 그 까닭은 부엌을 기능공간으로 여기기 때문인 것 같다. 부엌, 엄격히 말해 부엌의 식탁은 점점 더 가족이 모이는 장소가 되었고 이것은 주방과 식탁의 의미변화뿐 아니라 거실이 채우지 못하는 기능을 부엌이 대신한다는 뜻이기도 하다.

단순성이 친밀함으로 이어진다. 가족과 친구들 여러 명이(적어도 여섯 명) 모여 앉을 수 있는 대형 테이블이 한 예다. 설령 늘 한자리에 모일 수 없더라도, 적어도 그런 모임이 가능하기를 바란다. 대형 테이블이 부엌에 자리를 잡기까지는 긴 세월이 걸렸다. 농부들의 잔치와 귀족들의 만찬에서 현대의 가족으로 곧장 이어진 것처럼 보이지만 그렇지 않다. 주방과 식당의 분리도 꽤 오랫동안 지속되었다. 엄격히 말해, 주방과 식당의 분리는 하인이 있던 시대에서 비롯되었다. 대부분의 가정에서 이미 수십 년 전부터 하인이 없어졌고 오랫동안 하인 역을 떠맡을 수밖에 없었던 주부가 더는 그 과제를 책임지지 않았음에도 주방과 식당이 건축적으로 합쳐지기까지는 꽤 오랜 시간이 걸렸다. 현대의 핵가족이 탄생하면서 가재도구 역시 축소되었고 핵가족 생활을 합리화하려는 노력이 심지어 1930년대에는 유럽과 미국의 실험적 주거로 확대되어 개인주택에서 주방과 식당을 완전히 없애고 공공으로 운영되는 식당을 만들기에 이르렀다.

대형 테이블의 귀환은 현대의 공동체가 기능적인 목적에서만 형성된 '나쁜 공동체' 이상이 될 수 있다는 희망과 연결된다. 마치 산업화 이전의 공동체(안락함이 느껴지지는 않지만)가 현대적 조건을 갖추고 돌아오기를 바라는 듯하다. 그러려면 가장 먼저 길고 네모난 테이블이 필요했을 테다. 원탁 테이블에 여덟 명 이상이 앉으려면 벌써 원탁의 크기가 어마어마해져 앞에 앉은 사람과 대화하기도 어렵거니와 가운데에 놓인 냄비에서 음식을 덜어가지도 못하기 때문이다. 그래서 원탁은 애초에 고려대상이 아니다. 반면 사각 테이블은 서로 마주앉을 수 있고 짧은 쪽에 누가 앉을지를 신중하게 정한다면 지위고하의 문제도 해결된다. 그리고 스칸디나비아 국가들의 테이블은 당연히 나무인데 이런 목재 테이블은 대대손손 물려진다. 그것은 확실히 고풍스럽다. 산업화 이전의 공동체에 대한 향수(혹은 그때에 대한 꿈)에는 그런 소망에 대한 절박함이 담겨 있다.

빌라 에드그렌 Villa Edgren — 네모난 상자 두 개
구스타프 아펠 건축사무소

위치	스웨덴 낙카
건축주	클라스 에드그렌Klas Edgren, 야룬 에드그렌Jarun Edgren
완공	2008년
연면적	190㎡
대지면적	1900㎡

네모반듯한 건축물에서는 미래보다 과거가 더 많이 느껴진다. 적어도 개인주택에서는 이런 건축양식이 순수한 기능주의 건축과 산업 영역의 실용주의 건축으로 넘어간 지 오래인 근대건축의 유산으로 통한다. 물론 네모반듯한 집들이 여전히 건축되고 있다. 그러나 그것들은 다분히 감상적으로 보인다. 과거에는 간소한 기능주의가 민주적이고 개선된 양식으로 통했고 고전 양식의 지배에서 벗어난 새로운 세계의 약속이었다. 어쩌면 이런 건축물이 대표하는 현대성은, 단지 과거로 취급하기에는 아직 충분한 시간이 흐르지 않았기 때문이고, 그래서 근대건축을 시간이 흘러도 질리지 않는 양식으로 인지하게 되는지도 모른다.

이 말은 곧, 네모반듯한 개인주택에 담긴 잠재성을 인식하는 법을 새롭게 배워야 한다는 뜻일 수 있다. 스톡홀름 근교 도시 낙카에 위치한 구스타프 아펠 건축사무소가 지은 빌라 에드그렌이 그것을 가르쳐준다. 가파른 언덕 위에 지어졌고 경사지 위로 뻗은 발코니가 확실히 흥미로운 외양을 만들어낸다. 네모난 상자의 배치에 약간의 판타지를 더하면 '케이스 스터디 하우스Case Study House'[미국에서 1945년부터 1966년까지 진행한 주택사례연구 프로젝트. 당대 유명 건축가들이 참여하여 저렴하면서 효율적인 모델하우스를 지어 전시했다.—옮긴이]를 연상하게 된다. 이 집 역시 기본적인 건축원리를 따랐다. 단순한 사각형이 세 축으로 쌓이고 조합되어 밖으로는 건물들이, 안으로는 바닥이 교차한다.

지붕의 테두리는 함석을 여러 겹 대어 마감했다. 평평한 지붕의 반듯한 함석 테두리가 외관을 지배한다. 네모반듯한 외관을 방해하지 않도록 2층 테라스의 난간은 특별히 가는 선을 골함석의 볼록한 부분에 나란히 세워 만들었다. 외벽의 밝은 흰색과 테라스 난간의 선 그림자가 자연의 초록과 강렬한 대조를 이룬다. 또한 창문과도 대조를 이루는데, 네모난 창은 차양으로 일부가 가려져 원래보다 작아 보이는 효과를 낸다. 그리고 1층의 짙은 색 때문에 2층이 시각적으로 허공에 떠 있는 것처럼 보인다. 이 집은 (앞에 혼자 떨어져 있는 건물을 제외하면) 스칸디나비아에서 많은 사랑을 받는, 벽 전체를 덮는 커다란 창을 쓰지 않은 것이 특징인데, 그것은 외관의 기하학을 방해하지 않기 위함이다.

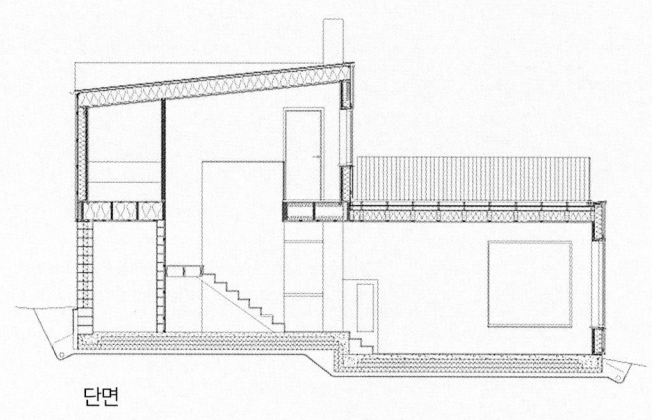

단면

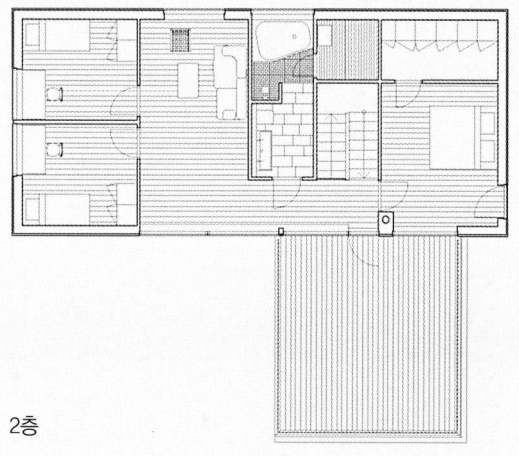

2층

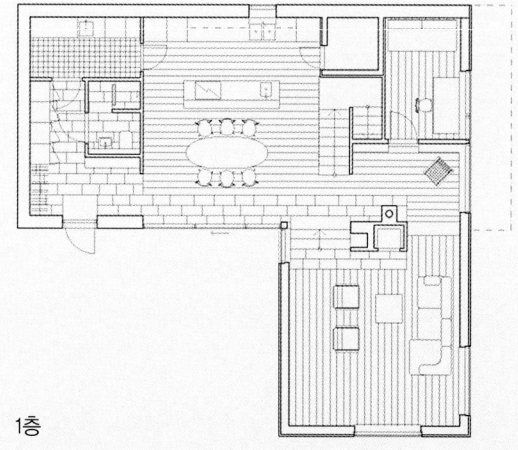

1층

빌라 에드그렌의 2층은 언덕 끄트머리 위로 대담하게 튀어나왔다. 네모난 상자를 쌓아놓은 것 같은 독특한 외양이다.

건물을 교차시켜 배치한 까닭은 실용성과 구성미를 살리기 위함이지만 또한 도시건축 규정을 지키기 위한 궁여지책이기도 하다. 그런데 이런 배치 덕분에 내부에는 다양한 높낮이와 공간이 생겨났다. 현관, 주방, 식탁이 약간 높은 곳에 있어서 테라스와 정원 쪽 시야가 좋다. 같은 공간이지만 몇 계단 아래에 개방형 거실이 있는데, 나머지 공간에서 약간 비켜나 있어서 별도의 공간처럼 아늑하다. 바닥의 높이를 지형에 따라 달리한 덕분에 실내공간의 높이를 낮추지 않고도 계단 없는 테라스가 생겼다.

2층의 공간 배열은 일반적인 스칸디나비아 방식이 아니다. 보통 계단을 오르면 두 번째 거실로 이어지는데, 여기서는 옥외 테라스가 나온다. 2층 거실은 계단 옆 욕실을 지나야 나온다. 창턱을 따라가면 아이들 방이다.

내부인테리어는 고전적인 스칸디나비아 건축을 따랐다. 소재와 색상의 변화로 공용공간이나 거실의 각 영역에 포인트를 주었다.

거실

집의 중심, 대개 '거실'이라고 불리는 이곳의 인테리어가 가장 힘든 과제다. 거실의 기능이 매우 불명확하기 때문이다. 부엌, 작업실, 침실 등 모든 공간에는 그에 맞는 기능이 있다. 그렇다면 거실의 기능은 뭘까? 가족이 모이는 장소? 다른 사람을 만나는 곳? 얘기를 나누고 휴식을 취하는 곳? 거실의 기능을 구체적으로 정의하기는 어렵다. 그래서 이런 공간을 일컫는 스웨덴어 '알룸Allesraum'('모든 방'이란 뜻)이 매우 적합한 이름인 듯하다. 정확히 무엇인지 말할 수 없는 온갖 일들이 이곳에서 벌어지니 말이다.

오늘날 거실을 지배하는 기기가 텔레비전이 된 것은 텔레비전과 충돌하는 요소가 거실에 없었기 때문이다. 그런 까닭에 텔레비전은 거실에 놓였고 가족은 그 앞에 둘러앉았다. 많은 경우 거실은 열린 영역에 속하고 그로 인해 거실의 딜레마는 더욱 커진다. 거실은 집을 대표한다. 추상적인 기능이 다 그렇듯, 대표하는 기능이 무조건 좋은 건 아니다. 그리고 또 다른 요소가 복잡하게 추가된다. 환한 거실에서 대낮에 텔레비전을 보는 건 불편하다. 또한 텔레비전은 서서히 응집력을 잃는다. 미디어와의 관계가 개인컴퓨터, 노트북, 더 나아가 태블릿 형태로 개인화된다. 그리고 이런 변화가 다른 가구에도 영향을 미친다. 예를 들어 독서 의자가 거실로 귀환했는데, 그것은 책이 아니라 모니터 때문이다. 이런 상황으로 볼 때, 경우에 따라 텔레비전이 그랬듯이 전자매체 또한 사적인 공간으로 이주할 날이 멀지 않았다.

거실 가구들에서도 이런 딜레마가 엿보이는데 시간이 흐를수록 점점 더 심해진다. 근래에 소파의 좌석부분은 점점 길어지고 등받이는 점점 낮아졌다. 앉는 것보다 반쯤 눕는 자세에 맞췄기 때문이다. 반쯤 눕는 자세는 다른 사람과 얘기를 나누는 상황에 맞지 않고 집을 대표하는 거실의 기능과도 맞지 않는다. 그런데도 온전히 사적인 공간에서만 가능한 눕는 풍경이 거실에 생겼다.

이런 문제를 해결하는 최고의 해법이 스칸디나비아 양식이다. 스칸디나비아 거실에서 느껴지는 가벼움에는 역사적 뿌리가 있다. 예를 들어 거실의 사물들이 계절에 따라 자리를 이동한다. 겨울에는 오븐이나 벽난로 근처로, 따뜻한 계절에는 벽 쪽으로. 바로 이런 이동성과 변화성이 오늘날의 거실이 갖는 다양하고 변화무쌍한 기능과 매우 잘 맞는다. 브루노 마트손은 영화관과 기차의 좌석을 실험적으로 써봤고 자동차 뒷좌석을 모방한 독특한 소파를 디자인했다. 이 소파는 옮기기도 쉽다. 그리고 맞은편 의자 없이 홀로 공간을 지배하는 안락의자 역시 거실의 변화에 대한 반응이 아닐까 싶다.

빌벵엘린 Wohnung Wengelin — 옛것과 새것
한나&다이엘 벵엘린 건축사무소

위치	스웨덴 스톡홀름
건축주	한나 벵엘린Hanna Wengelin, 다이엘 벵엘린Daniel Wengelin
완공	2008년
연면적	135㎡

스칸디나비아 도시의 옛 주택가를 걷다 보면, 자기도 모르게 창을 기웃거리며 집 안과 거기 사는 사람들을 살펴보게 된다. 여느 문화권이라면 이런 태도는 금세 사생활 침해로 여겨진다. 그러나 모두가 비슷하게 살고 있다면 집 안을 살펴보지 못할 까닭이 무엇이란 말인가?

폴 헤닝센의 PH램프 같은 스칸디나비아 인테리어의 고전은 거의 어디에나 다 있다. 또한 샹들리에를 닮은 전기촛불(특히 겨울에)이 보이고 텔레비전 받침대 위에는 알바 알토가 디자인한 알토꽃병이 놓였다. 말하자면 이런 것들은 호화빌라나 건축가의 집에서만 발견되는 특별 소품이 아니라 기본적으로 있어야 하는 표준 소품들이다. 바닥은 밝은 나무마루인데, 회색이나 흰색으로 칠하거나 탈색한다. 벽 역시 흰색이나 회색 톤을 유지한다. 그 대신 가구나 인테리어 소품의 색상으로 포인트를 준다.

흰색은 전체 내부 인테리어의 기본일 뿐 아니라 벽, 천장, 바닥 그리고 가구까지 지배한다. 흰색 배경은 가령 새장 모양의 램프처럼 대담하게 도드라지는 인테리어 소품들과 잘 어울리고 때때로 비현실적인 분위기를 자아낸다.

스톡홀름에 있는 벵엘린의 집은 판타지가 가미된 장난스러운 소품을 선호하는 스칸디나비아 인테리어의 자유로움을 잘 드러낸다. 오래되어 틈새가 벌어진 흰색 나무마루, 19세기에 만들어진 타일 벽난로, 격자창, 과거가 현재 속으로 들어왔다. 집주인은 인테리어 개념을 해치지 않기 위해 공간을 가능한 한 비워두었다. 식탁이나 각각의 소품들은 스칸디나비아 디자인의 고전들이고 조명들은 곳곳에 흩어져 있지만 저마다 정확한 목적을 지녔다. 그리하여 영원과 덧없음이라는 두 가지 효과가 끊임없이 상호작용하는 집이 탄생했다.

공간과 기능: 북유럽 국가의 건축과 주거 123

벵엘린 가족의 집을 리모델링할 때 본질은 손대지 않았다. 건축주의 바람대로 표면을 새로 고쳤지만 바닥은 대부분 원래 나무마루를 그대로 썼다. 고풍스러움을 더하는 옛날 벽난로가 눈에 띈다. 아르네 야콥센이 디자인한, 강철관 다리가 셋인 **개미의자**Ameise처럼 고전으로 불리는 걸작 시리즈로 가구를 구성했다.

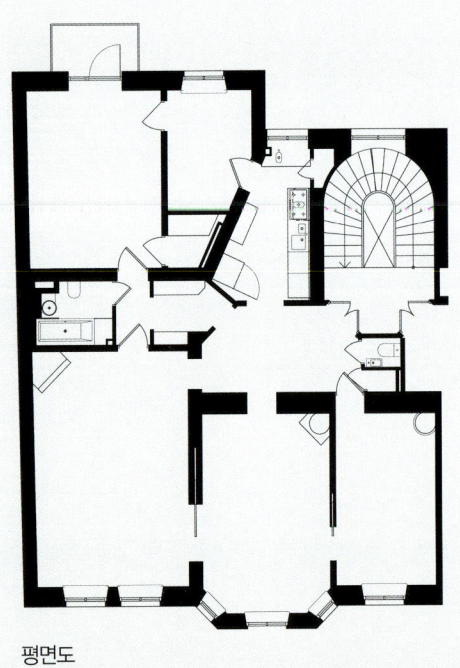

평면도

기능공간과 부속공간

전체적으로 내밀함을 잃지 않으면서 개방성을 확보하는 것이 스칸디나비아 건축양식의 비밀이다. 이것을 위해 반드시 여러 공간이 있어야 하는 건 아니다. 공간배열만 심도 있게 잘하면 방 하나로도 가능하다. 외부와의 통로 구실을 하는 창문과 출입문의 배치를 통해, 그리고 벽에 구멍을 냄으로써 개방성을 확보할 수 있다. 그러면 여러 공간을 동시에 조망할 수 있게 된다. 몇몇 지점에서 건물 전체의 높이와 깊이를 한눈에 볼 수 있으면 더욱 간단하게 이런 효과를 얻을 수 있다.

공간배열에는 리듬이 있어야 한다. 넓은 공간과 좁은 공간, 내밀함과 개방성의 순환이 필요하다. 그럴 때 확장된 공간, 즉 공간 그 이상의 공간이 생긴다.

그래서 종종 빗 모양으로 공간을 배열한다. 특히 아이들 방과 안방을 그렇게 배열하는데, 빗살이 빗대와 연결되듯 각 방이 복도와 연결된다. 그러면 아이들 방의 기능에도 변화가 생긴다. 변화는 디지털 기기와 함께 아이들 방으로 왔다. 디지털 기기의 개인화가 날로 발전하고 있기 때문이다. 집이 작을 경우 아이는 침대 하나가 겨우 들어가는 작은 방을 갖기 때문에 방에서는 잠만 자고 낮에는 기기를 들고 집 안 어딘가의 조용한 곳을 찾게 된다. 그리고 집이 넓을 경우 아이는 어른들과 똑같은 자기만의 방을 갖고 놀이방을 추가로 갖는다.

스칸디나비아 건축은 모든 장식을 거부하고 각종 기기나 보조가구들로 공간을 채우지 않는다. 그래서 전통적인 농가의 창고나 수납장의 개념을 새롭게 살린 벽장창고나 간이부엌 그리고 이동이 가능한 옷장들이 생겼다. 이들의 과제는 이동과 교체가 가능한 물건들을 정해진 장소에 보관하는 것이다. 이 공간들은 평평하고 매끈한 면 뒤에 감춰지기 때문에 일본 주택에서처럼 거의 눈에 띄지 않는 부가적 효과를 갖는다. 이런 공간들 덕분에 주거공간은 어쩌다 한번 사용하는 물건들로부터, 그리고 이런 물건들을 보관하기 위한 보조가구들로부터 자유로워진다. 침실에는 침대만 있다. 보관기술 덕분에 모든 관습에서 벗어난 '껍질을 벗은 누드건축'이 가능하고 불필요해 보이는 모든 것을 없애는 단순한 인테리어가 가능하다.

로프트 P Loft P – 로프트와 기울기
스모그 스튜디오의 요한 달과 카롤리네 달

위치	스웨덴 말뫼
건축주	레나 팔벤Lena Palvén, 페터 팔벤Peter Palvén
완공	2010년
연면적	143㎡

말뫼 중심가에 젊은 부부를 위한 로프트 P가 생겼다. 다가구주택의 꼭대기 층을 증축 개조하여 2층구조의 넓고 큰 집을 지은 것이다. 말뫼와 로스엔젤레스에 사무실을 둔 스모그 스튜디오가 설계와 시공을 맡았는데 고전적인 공장로프트의 개념에서 벗어나 스칸디나비아 양식으로 도약하는 것을 목표로 하였다. 주철제의 강철버팀대 대신에 밖으로 드러나는 나무버팀대를 썼고 시멘트바닥은 왁스칠한 나무마루로 바꾸었다.

집은 원래의 모습을 버리고 완전히 새로 태어났다. 천장의 일부를 헐어 그때까지 사용되지 않던 창고와 연결했고 2층을 만들어 침실과 손님방 그리고 작업실을 배치했다. 기하학 형태와 색상은 기존의 것을 살리되 전체적으로 현대적인 건축언어를 따르기로 했다. 그래서 복원을 위해 애쓸 필요가 없었다. 건물 외형 때문에 몇몇 공간이 다소 변덕스럽게 비스듬히 기울었지만 그곳에서도 언제나 섬세함과 실용성이 느껴진다.

조명을 포함하여 거의 모든 것들이 새로 설치되었기 때문에 기존의 것들을 수리할 필요가 없었다. 새롭게 구성된 공간들은 서로 나뉘면서 동시에 하나로 연결된다. 2층에 벽을 세워 욕실 두 개와 부속공간 다섯 개를 추가로 만들었지만, 각 공간의 경계가 거의 느껴지지 않는다. 기울어진 면들이 공간과 공간을 잇는다. 가장 좁은 구역에서 바로 넓은 공간으로 이어지기 때문에 좁은 구역을 의식적으로 떠나지 않고도 넓은 새 공간에 들어선 느낌을 받는다. 기존 주택을 개조한 로프트 곳곳에 스칸디나비아의 건축 전통이 남아있다. 명확한 경계가 없다. 계단마저도 모호하다. 공간의 경계 구실을 하는 계단 벽을 책장과 수납장으로 이용하여 이 집의 대표적 특징인 여백을 살렸다. 이때 전체에 깔린 나무마루가 공간을 더욱 넓어 보이게 한다.

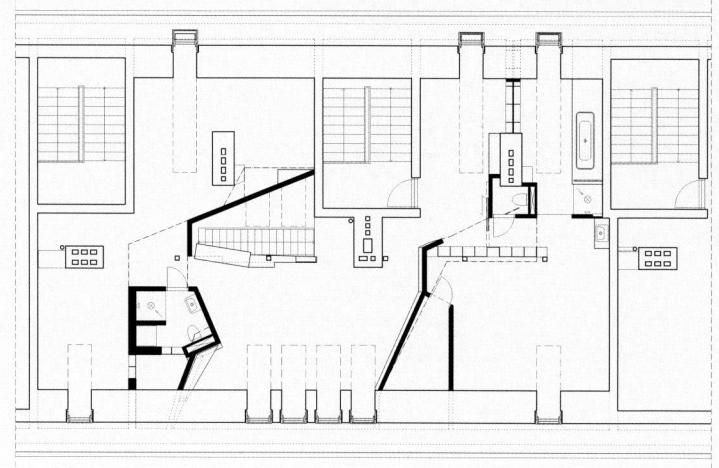

1층

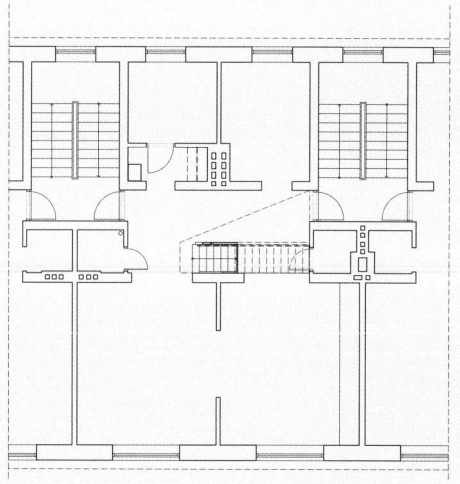

2층

128 북유럽의 집

건축주가 캘리포니아 대학으로부터 연구 의뢰를 받은 건축가를 우연히 만나면서 로프트 P의 설계 아이디어가 자리를 잡았다. 연구 주제는 도시 풍경의 변화(특히 나중에 환경개선으로 인정받은, 산업지역에서 예술지역으로의 변화)에 미치는 건축의 영향이었다. 이 연구의 중심 주제가 로프트였고 연구결과를 실제 건축에 적용한 것이 로프트 P이다. 르 코르뷔지에Le Corbusiers의 '오픈 플랜'과 리차드 마이어Richard Meier의 '백색 건축' 아이디어도 로프트 P의 설계에 영향을 미쳤다.

북유럽을 위한 소재

북유럽 건축의 주요 소재를 꼽으라고 하면, 매우 일목요연한 목록으로 답할 수 있다. 가구에 쓰이는 자작나무와 너도밤나무를 제외하면, 가장 먼저 가문비나무를 꼽을 수 있다. 가문비나무 판자는 다듬지 않은 채 파룬 적색, 즉 산화철 적색으로 칠하여 외벽에 쓰기도 하고 잘 다듬어 하얗게 칠하여 마루로 이용한다. 그 다음에는 벽돌이다. 특히 덴마크와 스웨덴 남부 그리고 북유럽의 대도시들에서 흔히 볼 수 있다. 어차피 벽돌도 돌이므로 벽돌 항목에 대리석과 석회암을 포함시켜도 되리라. 이런 소재에서 하얀 회벽이 나온다. 그 다음은 유리다. 유리는 스칸디나비아 양식을 대표하는 공간을 만든다. 유리는 안과 밖을 나누는 동시에 안과 밖을 통합한다. 북유럽 건축소재로 합성물질 소재 또한 빼놓을 수 없다. 콘크리트, 테라코타, 라미네이트, 리놀륨, 철. 그러나 이런 합성소재들은 진보한 스칸디나비아 양식에서 그다지 큰 구실을 하지는 않는다. 만에 하나 이런 소재들이 두드러졌다면, 그것은 기본소재의 대조로 쓰였기 때문이다.

북유럽의 건축소재가 이렇듯 한정된 데는 긴 역사가 있다. 한편으로는 장식, 치장, 쓸데없는 물건들을 버려야 할 것으로 여기는(이런 경향은 지금도 여전하다) 프로테스탄트 정신과 어느 정도 관련이 있고 다른 한편으로는 엄격하게 강요된 검소함과도 관련이 있다. 18세기 말엽에 국왕 구스타프 3세의 요구로 프랑스의 고전주의가 스웨덴으로 전파되었을 때, 절약을 위해 어쩔 수 없이 벚나무, 마호가니, 참나무를 가문비나무로, 대리석을 석고로 대체했다. 그러나 오래지 않아 이런 제한에서 특유의 미학이 생겼고, 국민화가 카를 라르손의 그림에 등장하는 전원적 인테리어가 지지하는 19세기의 생활개혁운동으로 이어졌다. 이런 특유의 미학은 1920~30년대의 근대건축을 넘어 오늘날까지 전해진다.

단순한 건축일수록 디테일이 중요하다. 단순하기만 한 집, 심지어 대충 아무렇게나 지은 집은 제한과 절제가 장점인 공간이 못된다. 그렇다고 크기와 비율, 창문의 배치, 몰딩, 테두리, 끈, 살의 모양 같은 디테일 작업이 무결점의 완벽한 완결을 뜻하지는 않는다. 오히려 그 반대. 건물에는 임시적인 요소들이 많이 남아있다. 그것 역시 낡을 것이고 사람들이 가만히 보기만 하는 게 아니라 만지고 쓸 것을 알기 때문에, 그리고 휘고 뒤틀리고 마모되고 소모되는 것이 건축소재로서의 본모습을 증명하는 신분증이기 때문이다.

나무

스칸디나비아 건축과 인테리어의 가장 중요한 소재 하나를 꼽아야 한다면 아마도 목재일 것이다. 나무가(특히 가문비나무와 자작나무, 그리고 소나무, 참나무, 너도밤나무까지) 흔하기 때문이기도 하지만 나무로 집을 짓는 오랜 전통 때문이기도 하다. 덴마크 북부와 스웨덴 남부 해안선 너머의 모든 농가주택과 구시가의 많은 도시주택들이 나무로 지어졌고 오늘날에도 여전히 대부분의 주택이 목조양식으로 지어진다. 목재에 대한 넘치는 사랑이 스웨덴의 벡셰에 8층짜리 목조주택(볼라게트 건축사무소)까지 등장시켰다. 이 건물은 높은 빌딩임에도 불구하고 미래기술의 성과로 보이기보다 보통의 안락한 집처럼 느껴진다.

골조, 들보, 외벽에 나무를 쓴 것은 목조건축의 한 면에 불과하다. 내부인테리어에도 나무를 쓴다. 나무는 바닥재로 사용될 뿐 아니라 가구, 판벽, 천장, 몰딩에도 사용되는데, 이때 스칸디나비아 국가들에서는 래커를 칠하는 일이 매우 드물고 어쩌다 래커를 칠할 경우에는 무광택으로 한다. 주로 탈색을 하거나 오일을 바르는데, 오일이나 탈색제는 흰색 톤으로 한다. 과거에 헛간 바닥재로 썼던 석회와 물 혼합액을 오늘날 주말별장의 나무마루에 덧칠하는 일이 흔한데, 그럴만한 까닭이 있다. 혼합액이 나무로 스며들어 미세한 구멍을 막아주기 때문이다. 혼합액이 마른 후 마루에 남아 있는 흰색가루는 그냥 쓸어버리면 된다. 이렇게 처리된 마루는 식용유나 적포도주에 놀랍도록 강하다. 닦은 뒤에 흔적이 남지 않아 심지어 마루에 자기정화능력이 있는 것처럼 느껴지기도 한다.

이런 방식으로 목재는(특히 가문비나무와 자작나무) 밝고 연한 회색 톤을 띠게 되는데, 정기적으로 잘 관리해주면 여러 해가 지나도 칙칙해지지 않는다. 뿐만 아니라 표면이 비단처럼 부드럽고 나무의 결이 보인다. 반들반들하게 다듬었지만 나무의 결이 다양한 톤으로 드러나고 만지면 미세하게 그 결이 느껴진다. 이런 목재는 생동감을 주고 살아 숨 쉬는 것 같으며 습기를 빨아들인다. 그리고 그 위를 손으로 쓰다듬거나 맨발로 걸으면 부드럽고 편안하다.

나무는 전형적인 가구 소재다. 그래서 가구 소재는 나무와 그 밖의 소재로 분류되기도 한다. 물론 국가마다 정도의 차이는 있다. 이탈리아에서 목재가 갖는 의미와 독일에서의 의미는 다르다. 스칸디나비아 국가들에서 나무는 독특한 의미를 갖는다. 특히 가구에는 자작나무와 너도밤나무가 주로 쓰이는데, 이런 목재로 만들어진 가구는 특별히 스칸디나비아 양식으로 인식되고 알바 알토(자작나무 의자. **파이미오41**Paimio 41이나 **406**), 브루노 마트손(너도밤나무, 거의 모든 작품) 혹은 잉베 엑스트룀 Yngve Ekström(너도밤나무, 참나무 혹은 물푸레나무로 만든 의자 **라미노**Lamino)의 몇몇 가구들은 스칸디나비아 디자인의 아이콘으로 통한다. 덧붙이건대, 나무는 미니멀리즘 인테리어의 한 면이다. 흰색과 회색 그리고 넓은 유리가 자칫 차가운 느낌을 줄 수 있는데, 이때 은은한 색상의 목재를 써서 분위기를 조절한다.

나무는 옛날부터 스칸디나비아 건축에서 안과 밖 모두에 쓰이는 주요 소재였다. 부엌이나 욕실의 벽과 바닥에 청소가 쉽고 튼튼하며 필요할 땐 쉽게 교체할 수 있는 목재를 흔히 사용한다.

돌

덴마크, 스웨덴의 스코네 주, 그리고 모래사장들이 있는 곳이 스칸디나비아 남부이다. 이곳에는 감자, 밀, 순무를 키우는 넓은 밭이 있다. 그러나 이 비옥한 검은 땅 너머는 척박하다. 돌투성이 땅으로 대부분이 화강암이고 이따금 편암과 사암이 섞여 있다. 스웨덴과 핀란드의 전원풍경, 그리고 덴마크의 일부 풍경에서 밭 가장자리에 높이 쌓인 돌담을 보게 된다. 척박한 돌투성이 땅을 경작하기 위해 조상들이 쏟아야 했던 수고의 산물이다. 밭에서 자라나는 것처럼 보이는 돌들을 봄마다 힘들게 손으로 빼내 쌓아올린 돌담인 것이다. 이 지역의 집들은 대부분 나무로 지어졌으나 돌 역시 건축 소재나 장식 소재로 흔히 쓰였다.

북유럽의 전통가옥은 대개 나무마루를 가졌다. 돌바닥은 옛날 귀족들의 대저택과 호화로운 교회의 몫이었고 가끔 돌바닥을 가진 전통가옥이 있긴 하지만 대개가 작업하기 쉬운 사암을 썼다. 그러나 아무리 간소한 주택이라도 반드시 돌을 쓰는 곳이 있는데, 바로 도로에서 현관으로 이끄는 계단이다. 스몰란드 같은 가난한 지역의 구 가옥에도 돌계단이 있다. 대충 깎아놓아 거의 바위처럼 보이는 육중한 화강암 덩어리는 현관에 무게감을 실어준다. 이런 돌들은 집이 튼튼하게 지어졌음을 뽐내다 언젠가 집이 무너지면 한때 이곳에 집이 있었음을 증명한다.

그리고 밭에서 나와 오랜 세월 깨지고 둥글어져 밤톨 모양이 된 율석을 깐 골목길, 안마당, 그리고 테라스가 있다. 주로 덴마크와 스웨덴 남부에 많지만 멀리 북쪽에서도 발견할 수 있다. 이것은 자연을 거의 그대로 옮겨놓은 듯해 보이고 농부를 괴롭혔던 돌의 저항을 멋지게 이긴 승리의 표시처럼 보인다. 또한 북유럽의 집에서 남유럽의 정취가 느껴지게 한다. 까다로운 현대식 건축에서 돌은 바닥소재로 쓰이고 혹은 가문비나무, 자작나무, 너도밤나무 같은 목재의 대조로 쓰인다. 돌의 냉기가 나무의 온기와 대조를 이루고 고대 소재의 폐쇄성이 땅에서 자란 소재의 열린 조직과 대조되고 단단함이 부드러움과 대조된다.

그러나 예외가 하나 있다. 인공적으로 공장에서 생산된 돌, 즉 벽돌이다. 벽돌은 스칸디나비아 전역에 널리 퍼졌다. 남쪽에 주로 확산되었지만 나무가 부족한 일부 북쪽 지역과 대도시에서 많이 사용되었다. 두 종류의 벽돌이 있다. 하나는 교회와 성, 그리고 귀족들의 창고와 저택에 쓰였던 산업화 이전의 벽돌이고 또 하나는 방앗간, 대장간, 공장 등에 쓰였던 산업화 초기의 벽돌이다. 두 종류의 벽돌 모두 역사적 자취를 보여주었고 건축기술을 겉으로 드러내는 양식에 쓰였다. 벽돌건물은 첫눈에 무슨 건물이고 어떤 건축 소재로 지어졌는지 육안으로 확인이 가능했기 때문에 그만큼 신뢰를 받았다.

스칸디나비아 남부, 특히 덴마크와 스웨덴 남부에는 벽돌집이 흔하다. 대부분 오늘날 요트관광으로 부유해진 해안가 마을이다.

북유럽을 위한 소재 135

유리

유리는 특별한 건축 소재다. 투명한 유리는 철학적이다. 단단하고 투과성과 차단성을 통합하며 썩어 없어지지 않는다. 연금술을 연상시키기도 한다. 유리는 인간이 완성할 수 없는, 인간의 반대인 완벽성을 표현한다. 그렇기 때문에 생각보다 훨씬 에소테릭했던 근대초기에 특히 큰 구실을 했다. 한마디로 유리는 진정한 건축의 가장 진정한 소재였다. 비장하게 표현하면, 유리는 깨달음이었다.

유리에 대한 이런 태도는 창문에 많이 남아 있다. 왜냐하면 창문의 기능이 그저 빛을 안으로 들이고 밖을 내다볼 수 있게 하는 것만이 아니기 때문이다. 창문은 바깥세상을 관찰하고 반영하는 장소, 안과 밖이 만나는 장소, 빛을 섬세하게 다루는 장소, 내면화의 장소다. 그리고 이것은 창문뿐 아니라 다른 유리제품도 마찬가지며 유리그릇 역시 말 그대로 일상생활을 반영한다. 유리만큼 진실, 객관성, 질서, 맑음을 잘 표현하는 소재도 없는 듯하다.

스칸디나비아 디자인이 특별히 유리에 공을 들이는 까닭이, 유리 원료(규사, 석탄폐석)가 스웨덴과 핀란드 같은 나라에 풍부하기 때문만은 아니다. 하지만 적어도 스칸디나비아 세 국가에는(스웨덴, 핀란드, 덴마크) 유리생산의 전통이 있었다. 그 역사는 18세기(코스타 보다)까지는 아니더라도 적어도 19세기 초(올메가드, 리칼라, 오레포스, 스크루프)까지 거슬러 오른다. 확신컨대 유리기술자들은 주로 독일 출신이었을 것이다. 그러나 디자이너들이 유리에 관심을 보이기 시작한 1930년대 초에 스칸디나비아 국가들은 그들만의 고유한 형식을 발전시켰다.

빛은 북유럽에서 매우 소중했다. 그래서 예로부터 커다란 창은 스칸디나비아에서 건축의 중심 구실을 했다. 이런 좋은 토양에서 이곳의 현대식 보일러와 단열기술이 발전했다.

직물

스칸디나비아 국가들, 특히 스웨덴은 20세기 말까지 직물산업으로 유명했다. 모직과 아마 같은 국내산뿐 아니라 면직도 취급했다. 그러나 1990년대 말 대대적인 합리화 바람과 함께 모든 공장들이 발트해 국가들로 이전된 이후, 스칸디나비아 국가들에는 기껏해야 몇몇 전문화된 고가의 직물산업만 살아남을 수 있었다. 인테리어에서, 당연히 스칸디나비아 양식의 인테리어에서도(패턴이 화려하게 프린트된 수건은 물론이고 바람에 하늘거리는 하얀 면이나 아마 커튼 역시 인테리어에 속한다) 직물이 중요한 구실을 하기 때문에, 이런 변화는 의미가 매우 컸다.

19세기까지 커튼이 바깥세계를 차단했다면, 그러니까 외부, 자연, 공공생활로부터 내부와 사생활을 분리했다면, 이제는 반투명한 천이 기껏해야 외부에서 들어오는 빛을 여과한다. 북유럽의 끝나지 않는 여름 햇빛과 눈에 반사되는 겨울 햇빛은 때때로 너무 환하다. 이런 빛을 걸러주는 커튼의 소재는 면과 아마인데, 주로 은은한 색상이나 흰색이고 기껏해야 약간의 색감과 간소한 패턴이 있을 뿐이다. 드문 경우지만 하늘색이나 연초록, 파스텔 노랑이나 파스텔 빨강 커튼을 쓰기도 한다. 만에 하나 진한 색상의 커튼을 썼다면, 인테리어 과정에서 누군가 끼어든 게 틀림없다. 커튼의 은은한 색상은 다른 인테리어에서도 반복된다. 석회를 기초로 바른 벽에서, 나무마감재에서, 그리고 예를 들어 스웨덴의 카스탈 사(社)가 만든 모래색 카펫에서도.

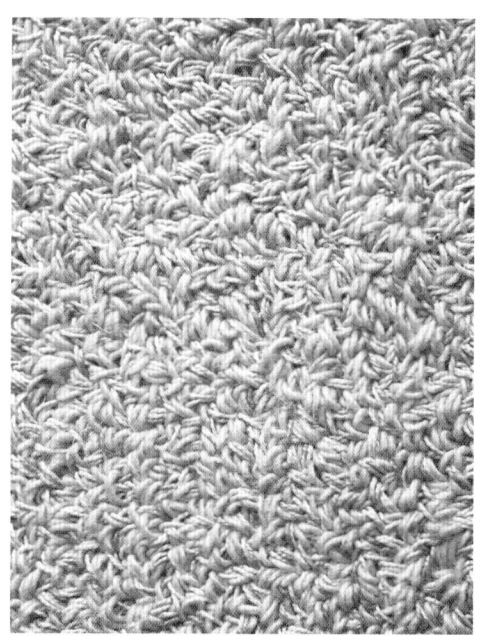

그 외의 패브릭제품들도 대개가 은은한 흰색, 회색, 미색이다. 근래에 밝은 색상이나 적어도 포도주색상이 종종 등장하기도 한다. 의자와 소파에 놓인 눈에 띄는 색상의 방석이나 담요에서 색상 대비의 의미를 첫눈에 이해할 수 있다. 그리고 탁자보, 아이들 방의 패브릭, 냄비받침, 각종 수건 등, 단순한 모티브가 알록달록하게 프린트된 면직물들도 눈에 띈다. 이런 패턴은 패브릭은 물론이고 일상용품의 모든 분야에 뻗은 산업디자인에서 고유한 라인을 형성했다. 이 라인의 대표가 스톡홀름 패브릭디자이너 연합, '티오그루펜Tiogruppen'이다.

위: 스웨덴 디자이너연합 '티오그루펜'의 패브릭(디자인: 잉겔라 호칸손Ingela Håkansson)
아래: 굴리나 라거헴 울베르그Gunilla Lagerhem Ullberg(카스탈)가 디자인한 카펫

합성수지

스칸디나비아 건축과 북유럽 디자인은 자연 소재와 자국에서 생산되는 소재를 확실히 편애한다. 이것은 실용적인 이유에서 생긴 편애다. 그리고 이미 일찍부터 합성수지를 생산적인 소재로 여겼다. **스트링 선반**String-Regals(1949년)의 강철선을 합성수지로 감쌌고 알바 알토는 **91 테이블**(1935년) 표면에 라미네이트나 리놀륨을 깔았고, 지그바르트 베르나도테Sigvard Bernadotte 왕자와 악톤 비욘Acton Bjørn이 공동 창업한 산업디자인 회사는 플라스틱 볼(합성수지공장 로스티를 위해, 1950년)과 라미네이트에 넣을 패턴(비르바르, 1957년)을 디자인했다. 그리고 성능만 따지면, 합성수지는 영구적이고 열과 충격에 강하고 청결하며 거의 모든 면에서 목재보다 실용적이다. 그렇기 때문에 크리스티네 슈바르처Christine Schwarzer가 디자인한 **플라워 테이블**(스웨데세, 2004년)에서 헤이의 아크릴상자(스터프Stuff, 2010년)까지 합성수지는 여전히 스칸디나비아 디자인에서 중요한 구실을 한다.

합성수지를 소재로 할 때 기술의 현대화를 단번에 이루려는 시도가 많았다. 그에 대한 최고의 (그리고 가장 어려운) 예가 디자이너의 이름을 따서 **팬톤 체어**Panton Chair(1960년 무렵)라 불리는 캔틸레버의자다. 베르너 팬톤은 의자 모양을 통째로 본을 떠서 합성수지로 찍어냈다. 원하는 대로 모양을 만들 수 있고 오래 사용해도 부서지지 않고 변형되지 않는 합성수지를 생산하기까지 여러 해가 걸렸다. 그러나 문제는 소재 개발에 든 기간이 아니라 합성수지제품이 안고 있는 비애, 즉 모든 관습과 의식을 깨는 완전히 새로운 것을 내놓아야 하는 요구였다. 이것은 확실히 당시의 미학적 과잉에 화려하면서도 인체공학적인 외양을 부여하는 시도였다. 이런 제품들은 약간 유치해 보이지만 또한 매우 높은 기술적 진보를 이룬 것처럼 보인다. 그럼에도 불구하고 베르너 팬톤이 편애했던 단독 소품들이 거실이나 작업실 인테리어에서 거의 살아남지 못했다. 특히 **팬톤 체어**는 의자가 아닌 조각품이 된 지 오래다.

그러나 합성수지에 대한 애정은 소박한 형태로 계속 살아남았다. 코펜하겐에 위치한 디자인회사 구비가 만든 **구비 체어**Gubi Chair(2003년), 헤이의 **노바디 체어**Nobody Chair, 스톡홀름에 있는 회사 제로가 만든 전등갓 등. 그러나 이곳에서 합성수지는 그저 여러 가능성 중 하나일 뿐이다. 특별한 목적 때문에 합성수지를 선택하더라도 자연소재에 대한 애정은 결코 식지 않는다.

노바디 체어(헤이)

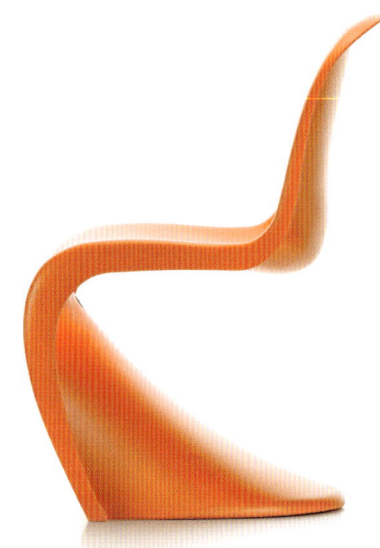

베르너 팬톤이 디자인한 **팬톤 체어**

스칸디나비아 양식의 몇 가지 물건

단순함은 특별한 양식이다. 모든 유행의 바탕에는 단순함이 있다. 단순함은 모든 양식의 바탕이자 시간에 구애받지 않는 요소이며 자유로운 구성을 가능케 한다. 단순함은 가구 배치에도 영향을 미친다. 단순한 가구는 협소한 양식개념에 구애받지 않고 공간과 다른 가구들과의 관계에서도 자유롭다. 수학적으로 표현하면, 단순한 가구는 각 공간의 기능에서 '변수'로 작용한다. 단순한 가구는 공간에 자신을 맞춘다. 그리고 20세기 초에 생겨난 탈착이 가능한 모듈가구가 이것을 돕는다.

스칸디나비아에 단순함의 전통이 있었고 그 전통이 80년 넘게 지위를 유지했다는 사실은, 단순하게 말하면 사람들이 스칸디나비아 양식을 좋아한다는 뜻이다. 단순한 디자인제품이 사랑을 받기 훨씬 전부터 스칸디나비아 양식은 이미 존재했었다. 그것은 다른 양식에는 없는 고유한 방식으로 자신을 입증했다. 지속가능성을 큰소리로 선전하지 않아도 스칸디나비아 양식은 변함없이 지속되었다. 지속가능성은 우선 단순함에서 비롯되었고, 둘째 변형가능성, 셋째 탈착이 가능한 모듈원리 덕분이었다. 그리고 높은 수준의 표준화가 없었더라면 스칸디나비아 양식은 지속되지 못했을 테다. 달리 표현하면, 시리즈 생산은 대부분의 스칸디나비아 디자인의 전제조건이다. 그 결과 스칸디나비아 디자인 가구가 아주 고가인 경우는 매우 드물다.

이것은 다른 생활용품에도 적용된다. 기본적으로 디자인에 갇힌 것처럼 보이는 제품이 없다. 오히려 디자인은 질적 요소 중 하나이고 사용자에게 미학적 향유를 허락한다.

아르네 야콥센의 **계란의자**

벽에 거는 소품: 닐스&캬사 스트리닝의 스트링 선반

벽에 거는 소품으로는 **스트링 선반**이 최고의 예다. 이전 집에서 지금까지 벽에 걸어 사용했다 해도 새로 이사한 집에서는 선반과 찬장으로 분리해서 쓸 수 있다. 실내외 어느 공간에서든 잘 어울리고 다양한 용도로 쓸 수 있다. 책장, 찬장, 주방 수납장, 오디오나 텔레비전 받침대, 심지어 책상으로도 사용할 수 있다. 공간이 부족하면 일부를 떼어내면 되고 공간이 남으면 추가로 구입해 연결하면 된다. 간소하고 열린 디자인이라 어떤 공간에서든 불평 없이 제구실을 한다. 눈에 띄지 않으며 거실, 부엌, 욕실 어디에 설치해도 어울린다. 언제 어디에나 있었기 때문에 특별히 인식되지도 않는다. 어딘가에 놓여 사용되었지만 특별한 인테리어 가구로 인식되지 않는 것이다. 그러나 이 선반은 2차 세계대전 이후 스칸디나비아 디자인의 위대한 업적 중 하나이다.

스트링 선반은 1949년에 스웨덴 건축가 닐스 스트리닝Nils Strinning과 그의 아내 캬사Kajsa에 의해 디자인되었다. 스웨덴 최대 출판사 보니어스가 2차 세계대전 직후 '폴크비블리오텍(국민도서관)'을 만들어 다소 어려운 문학책을(얼마 후 요리책과 레코드판도 추가되었다) 적당한 형식으로 (여러 권이 묶여있었다) 다량을 저렴한 가격에 제공했다. '폴크비블리오텍'은 지금까지 책을 소유한 적이 없고 그래서 책을 위한 가구도 없는 대중을 대상으로 하기 때문에, 보니스는 디자인 공모전을 열었고 여기에서 스트리닝 부부가 당선되었다. 스칸디나비아 양식의 여러 디자이너 작품처럼 **스트링 선반**은 국민계몽의 정신에서 비롯되었다.

스트링 선반의 결정적 특징은 버팀대에 있다. 이것은 선반을 튼튼하게 잡아준다. 뿐만 아니라 간단한 분리 조립을 통해 용도나 형태를 쉽게 바꿀 수 있고 2단구조라(하나는 탈착이 가능하다) 공간에 따라 높이를 맘대로 조절할 수가 있다. 버팀대는 튼튼한 강철선으로 만들어졌는데, 강철선은 합성수지로 감싸졌다. 닐스 스트리닝은 식기건조대를 만들다 합성수지로 강철선을 감싸는 아이디어를 개발했다. 합성수지로 감싸지면서 버팀대는 마침내 인테리어 가구로 인식될 수 있었다. 물건을 올려놓을 판, 서랍, 문 달린 수납공간 등 선반의 각 부위는 금속 클립으로 버팀대에 고정시켰다. 금속 클립은 잘 풀리지 않고 각 부위를 단단히 고정하기 때문에 선반은 더욱 튼튼해진다.

스트링 선반은 다양한 깊이와 넓이로 제작되었다. 그러나 1950~60년대 서유럽과 북아메리카에서 널리 확산된 이후에 거의 사라졌다가 1990년대에 비로소 다시 인기를 끌었다. 여기에는 분명 색상의 영향이 어느 정도 있었다. 검은색 합성수지로 감싼 강철선과 티크무늬목 나무판으로만 구성되었던 초기 제품들이 시간이 흐름에 따라 다양해졌다. 버팀대의 색상이 다양해졌고 심지어 플렉시 유리로 된 것도 있으며 물건을 올려놓을 판, 서랍, 문 달린 수납공간은 다양한 톤의 너도밤나무, 참나무, 호두나무로 만들어졌다. 인기의 비결 중 하나로 간소함도 있다. 이것은 가장 눈에 띄지 않는 간소한 가구에 속하기 때문에 디자인 작품으로 보려면 그렇게 보려고 애를 써야 한다.

그리고 이 선반이 다시 사랑을 받게 된 까닭이 하나 더 있다. 바로 입증의 역사다. **스트링 선반**은 이미 60년 이상이나 눈에 띄지 않게 줄곧 사용되며 자신의 존재를 증명해왔다. 비록 인기의 기복이 다소 있었지만 마치 전통처럼 두 세대에 걸쳐 꾸준히 이용되었다.

닐스&캬사 스트리닝의 **스트링 선반** 두 가지 버전

앉을 수 있는 소품: 아케 악셀손/게르스네스의 의자 우드Wood와 헤이의 상하이 체어Shanghai Chair

의자는 인간과 가장 가까운 사물이다. 역사적으로 봤을 때, 의자는 비교적 최근에야 일반 가재도구에 포함되었다. 전통적인 농업사회의 가난한 사람들은 의자를 쓰지 않았다. 기껏해야 식사를 할 때 필요했는데, 대부분 벤치를 식탁에 두거나 임시방편으로 주변 사물을 의자로 이용했다. 의자는 인간의 몸(상체, 허벅지, 팔걸이가 있는 경우에는 팔까지)이 직접 닿는 가구이다. 우리가 다른 여러 정신적 일에 몰두할 때 의자는 몸을 지탱해준다. 가령 학자들의 초상화를 보면 대개가 의자에 앉아 있다. 온 정신을 다른 일에 집중하려면 먼저 정신이 몸에서 해방되어야 하고 그러려면 몸을 다른 무언가에 맡겨야 하기 때문이다.

앉을 수 있는 좌판이 있고 등을 기댈 수 있는 등받이가 있다. 좌판에 엉덩이와 허벅지를 붙이고 무릎을 꺾으면 등이 자연스레 등받이에 기대진다. 인체와의 친밀함을 강조하는 의자들이 있다. 베르너 팬톤이 디자인한 **팬톤 체어**(1959년에 디자인을 했지만 1967년에야 비로소 시리즈로 완성되었다)가 대표적인 예일 것이다. 합성수지로 통째로 찍어낸 캔틸레버의자로 여러 개를 포개어 보관할 수 있다. 한층 과장된 예를 하나 더 꼽는다면, 이탈리아 디자이너 파비오 노벰브레Fabio Novembre의 의자일 텐데, 이것은 인체를 그대로 본떴다. 그러나 매우 소박한 외양을 한 정반대의 의자들도 있다. 아르네 야콥센의 **시리즈7**, 알바 알토의 **67**과 **68** 혹은 훨씬 나중인 2002년에 창립된 덴마크 회사 헤이의 **어바웃 어 체어**About a Chair.

비록 의자들이 탁자 주위에 배열되거나(흔히) 벽을 따라 놓이더라도(19세기에 주로 넓은 공간에서, 그러나 오늘날에는 드물게), 의자들은 이동이 가능한 사물이고 그래서 원하는 곳에 놓을 수 있다. 지정된 장소가 따로 없는 여타 다른 사물들과 견주어 볼 때 의자만큼 자유로운 사물은 없다. 의자는 공간에서 자유롭고 또한 자유롭게 이용될 수 있다. 그러나 그것은 제한된 자유인데, 앉은 사람은 서 있거나 걸어 다니는 사람보다 활동적일 수 없기 때문이다. 의자의 구실에 충실한 디자인을 갖는 한 의자는 느림의 사물이다. 의자의 외양에서 느림이 느껴진다.

아케 악셀손의 의자 **우드**는 비록 최근에 등장했지만, 카페 의자로 유명한 미하엘 토넷의 **No.14**를 닮은 외양이 첫눈에 들어온다. **우드** 역시 목재를 구부려서 사용했고 가벼움, 이동성, 안정성 규칙을 따랐다. 그러나 명확한 차이가 있다. **우드**는 **No.14**보다 소박하고 단순하며 명확한 대칭구조를 가졌다. 토넷의 등받이는 아치형으로 휘었지만 악셀손의 등받이는 평평하다. 그럼에도 의자가 앉은 사람을 뒤에서 살짝 감싸는 것처럼 보인다. **우드**에서는 스칸디나비아 디자인의 특징이 선명히 드러난다. 조립식으로 제작된 티가 전혀 나지 않는다. 하지만 이 의자는 부위별로 분리가 되기 때문에 얇은 상자 하나에 모두 넣을 수 있다.

상하이에서 열린 '엑스포 2010'을 통해 조립식 의자 **상하이 체어**가 세상에 소개되었다. 이것은 덴마크 건축가 비야케 잉겔스Bjarke Ingels와 조각가이자 설치미술가인 예페 하인Jeppe Hein의 합작품이다. 디자인의 목표는 '생각할 수 있는 가장 단순한 의자'였다. 덴마크의 공원 정자에서 흔히 보게 되는 기다란 벤치와 어울리는 실용적인 의자를 만들고자 한 것이다. 아케 악셀손의 의자와 마찬가지로 **상하이 체어** 역시 다리, 좌판, 등받이로 간소화되었고 포장, 운송, 조립에 최적화되었다. 비록 스칸디나비아 디자인임을 부정할 수는 없지만 이 의자는 확실히 다른 언어를 말한다.

합판 네 조각으로 구성된 이 의자는 최신 트렌드를 따랐고 고전적 형태는 거의 없다. 사실 이 의자는 등받이가 없는 스툴에 가깝다. 그리고 널따란 다리에도 불구하고 단순함 덕분에 매우 가벼워 보인다. 어쩌면 이 의자의 독특하면서도 과장된 비율 안에 걸작이 될 잠재성이 들어 있는지도 모른다. 이 의자는 자유롭게 구성하여 다방면에 쓸 수 있고 다양한 색상으로 구입할 수 있다.

우드(위)와 **상하이 체어**(아래)

보이는 소품과 보이지 않는 소품: 잉게게르드 로만의 유리

유리는 매우 특별한 소재다. 과연 유리가 소재이긴 한 걸까? 유리는 거의 없는 것처럼 완전히 투명할 수 있다. 그러나 벽보다 단단하게 공간을 차단할 수도 있다. 유리를 특히 애용하는 스웨덴 디자이너 잉게게르드 로만Ingegerd Råman은 유리의 상반된 두 특징(투명성과 차단성)을 합쳐, 주전자를 시약병이나 플라스크처럼 보이게 하고 이런 외양 때문에 유리를 만드는 실험실을 연상케 하는 제품들을 만들었다.

잉게게르드 로만의 제품들은 대개가 생활소품이다. 꽃병, 그릇, 유리잔, 촛대, 전등갓, 접시 등을 디자인할 때 종종 옛날 생활소품을 모방했고(그래서 주전자는 옛날 브랜디 병처럼 보이고 꽃병은 기다란 저장용기처럼 보인다) 항상 여러 기능을 합쳤다. 예를 들어 주전자 뚜껑은 컵이 되고 주전자는 꽃병이 될 수 있다. 잉게게르드 로만의 유리사랑은 약 20년 전부터 시작되었는데, 도자기 디자이너로 유명했던 그녀는 1990년대 초 유리공예가 일반화된 후에 비로소 유리디자이너로 인정받을 수 있었다.

잉게게르드 로만의 모든 유리제품이 무조건 전체가 투명하기만 한 건 아니다. 많은 제품에서, 특히 꽃병에서, 그녀는 유리를 갈아 거칠고 반투명한 표면을 만들어 방금 서리가 내린 듯한 효과를 냈다. 또한 때때로 유리 전등갓에 모서리와 섬세한 무늬를 넣어 매우 매력적인 그림자놀이를 만들어냈다. 그녀의 설명을 빌리면, 이것은 무늬를 그리는 게 아니라 표면을 바꾸는 것이다. 잉게게르드는 유리의 덧없음을 중히 여긴 듯하다. 그러나 깨지기 쉬운 덧없음뿐 아니라 생활용품으로서 갖춰야만 하는 실용성도 중요하게 여겼다. 그녀가 요구하는 생활용품의 실용성은 비록 단순한 척도지만 또한 한없이 높은 척도다.

잉게게르드 로만은 요한스포르스, 오레포르스, 스크루프 같은 스몰란드 동부의 유리수공업체와 협력했고 또한 구스타브스베르그 같은 도기 및 도자기 생산업체와도 협력했다.

잉게게르드 로만의 유리제품들

공간을 밝히는 소품: NUD의 조명

스웨덴 기업 NUD의 램프를 과연 디자인 소품이라 불러도 될까? NUD의 램프들은 이름 없는 회사가 생산한, 수십 년 전부터 지하실, 차고, 창고에 쓰였던 조야한 전등을 닮았다. 전선과 소켓 그리고 전구가 전부인 단순한 구성이다. 사람들이 이런 단순함을 원해서 그렇게 만들어졌을 테다. 전선을 감싼 헝겊은 패브릭디자이너가 개발했다. 세 부분으로 나뉜 소켓은 고풍스럽게 도자기로 제작했다. 특히 전구와 만나는 소켓의 끝부분까지 모든 경계가 형태와 기능 면에서 조화를 이룬다. 소켓은 평범한 검정색이나 흰색이지만 전선은 매우 다양한 색상과 패턴을 가졌다. NUD의 단순함은 포장에서도 계속된다. 투명한 합성수지로 포장되어 있다.

예나 지금이나 NUD는 스칸디나비아 디자인에서 친숙하지만 다듬지 않은 즉흥적인 미학(알바 알토의 의자들은 가령 덴마크의 푹신한 안락의자와 달리 구조가 명확히 드러난다)을 따른다. 외양만 살짝 바꾼 백열전등처럼 보이는 폴 헤닝센의 **PH램프**는 빛을 굴절시켜 물리적으로 연출하지 않고 여과하거나 가리지 않는다. 또한 소켓의 나선이 선명하게 보인다. 한 번 만들어진 것은 계속 만들어져야 했다. 그 까닭은 사물을 보는 관점 때문인데, 어느 것 하나도 저절로 생기지 않았고 공간을 밝히고자 한다면 공간을 밝힐 수 있는 단순한 도구면 충분하다고 보았기 때문이다.

스칸디나비아 디자인은 소재를 믿는다. 심한 경우에는 다듬지 않은 채 그대로 쓴다. 다듬지 않은 거친 벽돌로 쌓은 벽, 콘크리트, 겉으로 드러나는 나사, 지붕을 엮은 로프, 햇빛을 가리는 차양이 그러하다. 그리고 소켓, 백열전구, 전선으로만 구성된 램프가 그러하다.

다양한 색상의 전선과 소박한 소켓을 가진 NUD의 램프

움직이는 소품: 스켑스훌트의 자전거

스몰란드에 위치한 철물공장 스켑스훌트(같은 이름의 두 회사를 운영하는데, 하나는 주철 취사도구를 생산하고 다른 하나는 자전거를 생산한다)가 2011년 100주년을 기념하여 가장 아름답고 간소한 자전거 100대를 특별 한정판으로 제작했다. 강철(진보한 자전거 제작에서 시대착오로 통한 지 오래다) 소재에 색상은 짙으면서 부드러운 회색이다. 수제품인 벌꿀 색 가죽 안장은 산업혁명 초기를 연상시킨다. 이 자전거는 지금까지 스웨덴에서 생산되었던 자전거 중 가장 비현대적이고 가장 비실용적이며 가격도 비현실적이다. 그러나 이것은 스칸디나비아 디자인의 함축이고, 진보된 기술에는 없는 미학과 꼼꼼한 제작(매끈한 용접선만 봐도 알 수 있다), 그리고 역사적 상징가치를 담고 있다. 한마디로 이것은 진품이다.

진품이라는 말의 의미가 근래에 확실히 바뀐 것 같다. 진품(항상 개별 상품으로)의 원래 의미에서 전승의 뜻만 약간 남은 듯하다. 마치 서사시처럼, 옛날에는 흔하디흔했던 사물이 오늘날 높은 대우를 받는다. 과거에는 보잘것없는 흔한 일상용품이었지만 오늘날에는 옛 문화의 미학적 사료로 추앙을 받는다. 이런 '진품'들은 대부분 대량생산과 기계생산의 첫 번째 전성기에서 유래했다. 그래서 스켑스훌트의 100주년 기념 자전거인 **유빌레움바이크** Jubiläumsrad는 알루미늄이나 카본이 아니라 강철로 만들어졌다. 사물에 생기를 불어넣었다는 말은 기술적 완성보다는 고도의 복합성을 뜻한다. 이런 사물들은 기능의 이상에 굴복하지 않기 때문에 여느 사물보다 기능성이 떨어진다.

한정판 혹은 시리즈 중에서 유독 고가로 제작된 특별판은 소재에서 독보적이다. '마누팍툼' 백화점의 광고카피, '좋은 물건이 아직 남아있다!'(스켑스훌트의 자전거 위에 걸어둘 만한 슬로건이다)는 아마도 단 한번 출시되는 제품의 큰 인기를 표현한 것이리라. 이때 '아직'이라는 단어는 예상 가능하고 확실시되는 제품의 종말, 눈앞에 닥친 소멸의 위기를 강조한다. 비록 '아직' 시리즈로 생산되지만 당장이라도 중단될 수 있다. 현대적인 여느 사물보다 미학에서뿐 아니라 기능적으로도 우위에 있는 사물이 과거에서 왔다는 확신 없이는 이런 애정도 없을 것이다. 그러므로 획기적인 사물에 대한 열정은 다소 폐쇄적인 보수성을 갖는다. 디지털 기술의 주요 요소들이 아주 작아져서 육안으로는 거의 볼 수 없게 된 시대에, 기어에서 브레이크, 그리고 가죽안장까지 어떻게 만들어졌고 어떻게 기능하는지 눈으로 볼 수 있다는 건 정말 감사할 일인 것이다.

스켑스훌트의 유빌레움바이크

듣는 소품: AiAiAi의 헤드폰

헤드폰의 모양과 기능은 처음 발명되어 판매되던 때와 크게 변한 것이 없다. 기능이 명확하고 특히 머리의 인체구조를 따를 수밖에 없는 강제조건에서 비롯된 결과다. 물론 미세한 차이는 있다. 대부분의 사용자에게는 당연히 소리가 다를 테지만 디자인과 착용감도 제각각이다.

덴마크 오디오회사 'AiAiAi'가 전문 디제이를 위한 헤드폰을 개발하기로 결정했고, 코펜하겐의 디자인에이전시 'KiBiSi'가 상품개발에 참여했다. 생산자의 진언에 따라 철저히 스칸디나비아 디자인의 전통을 따른, 최첨단 기술상품과는 거리가 멀어 보이는 디자인의 헤드폰이 탄생했다. 'AiAiAi'는 소박한 우아함을 중요시했고 겉모양은 단 세 부분으로 구성되었다. 기술상품에서 단순한 외양은 종종 부족한 성능의 증거로 통하지만, 이 헤드폰의 단순성은 불필요한 요소를 과감히 삭제하고 오직 기술적 성능만을 따진 결과다. 리시버의 높이조절기능이 대표적인 예다. 여느 헤드폰에서는 공구를 준비하여 풀고 갈고 조여야 하지만 단순한 메커니즘을 따른 AiAiAi 헤드폰에서는 헤드밴드의 구멍이 해결한다. 적합한 합성수지를 선택함으로써 단단함을 확보하는 동시에 부드러워야 할 부분은 구멍으로 경직도를 낮춰 리시버를 구부릴 수 있게 했다. 이런 세심한 처리 덕분에 디제이는 클럽에서 일을 하는 동안 헤드폰에 크게 신경을 쓰지 않아도 된다. 헤드폰이 바닥으로 떨어져 조심성 없는 이웃에게 밟히는 일은 걱정하지 않아도 된다(여느 헤드폰이라면 장담할 수 없는 일이다).

KiBiSi · AiAiAi의 헤드폰

맺는말: 무대가 있으니 누군가는 올라야 한다

빈 공간에는 장면이 있다. 그것은 배우를 기다리고 있는 무대 같다. 공간이 가구의 영향을 덜 받을수록(가구의 이동성이 자유로울수록) 이런 기대감은 더 크다. 크고 높은 창, 나란히 배열된 방, 중앙의 나무마루, 곧게 뻗은 계단, 깊이 파인 벽감 등을 통해 입체적 깊이가 크게 혹은 점차적으로 증가하여 드러나고 빛이 깊이의 차등을 만든다. 이 모든 것이 스칸디나비아 모던의 요소들이다. 알려진 대로, 이런 연출의 목적은 개방성과 가벼움을 유지하면서 실내의 공간감과 아늑함을 강조하는 것이다. 그러나 다르게 표현할 수도 있다. 이를 테면, 집은 그곳에 들어와 둥지를 틀고 살 사람을 기다린다. 사람이 중요하다. 건축과 디자인은 그저 물리적 준비에 불과하다. 준비된 무대에 사람이 올라 연출을 완성해야 한다. 더 안락한 집은 있을 수 있지만 더 아름다운 집은 없다.

빌라 난베르가 Villa Nannberga — 소박과 대담이 동시에
제너럴 아키텍처

위치	스웨덴 아르보가
건축주	에릭 페르손 Erik Persson
완공	2012년
연면적	80㎡
대지면적	40㎡

이 집은 헌 집일까 새집일까? 농가일까, 헛간일까? 아니면 도시인의 사치스런 욕구를 채워주는 여름별장일까? 스웨덴 숲 속 깊은 곳 오솔길 끝에 있는 이 집은 특이한 가구와 주방, 그리고 나무판벽으로 1950년대 혹은 더 오래된 숲 속 평지에 활기를 넣는다. 또한 입체적인 창 때문에 매우 현대적으로 보인다.

제너럴 아키텍처는 아르보가 숲에 이 집을 세우기 위해 오래된 헛간을 헐었다. 헛간의 자재들을 쌓아두었다가 여러 해가 지난 후 같은 자리에 새로 기반을 세우고 그 위에 다시 집을 지었다. 창을 제외한 외벽은 옛날 헛간 자재를 그대로 썼고 안쪽에 단열재만 추가했다.

건축주가 4인 가족 주택을 요구했기 때문에 침실 공간을 확보하기 위해 기존의 구조에서 층을 올리기로 결정했다. 2층의 연장된 벽이 외벽과 지지대 구실을 하기 때문에 1층은 공간을 나누는 중간 벽이나 기둥으로부터 자유로울 수 있다. 2층의 창틀과 외벽에 덧대어진 매끈한 목재가 새로 층이 올려졌음을 말해준다.

내부 인테리어는 고전적이고 전원적이며 거의 은둔적이다. 모두 가장 단순한 목공기술로 완성했고 주방에는 옛날에나 썼던 나무 때는 오븐을 설치했고 수도는 포기했다. 과거와 현대 사이, 소박과 대담 사이를 주체적으로 오가는 사람을 위한 주거공간이다.

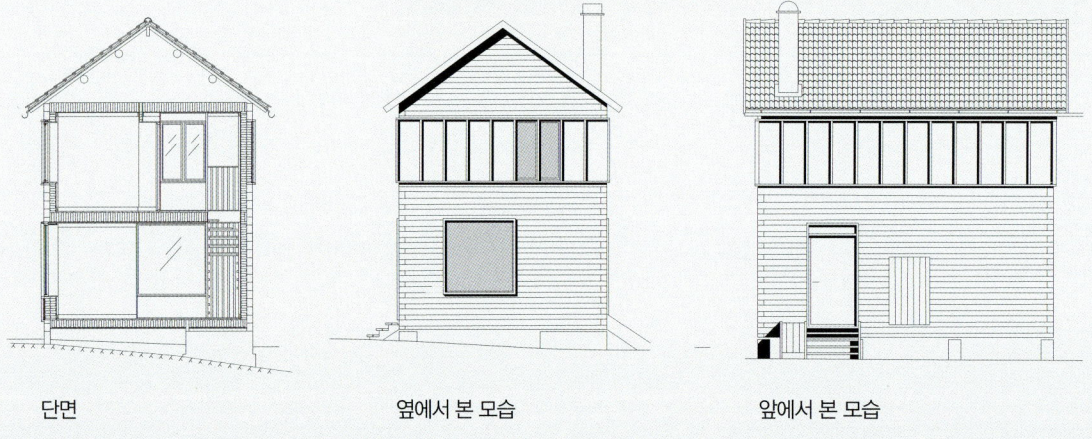

단면　　옆에서 본 모습　　앞에서 본 모습

시간을 망각한 오래된 집. 건축자재는 옛날 헛간에서 가져왔다. 건축가는 처음부터 헛간을 재활용할(흔히 있는 일이다) 계획을 세웠기 때문에, 헛간을 헐었다가 같은 자리에 다시 지은 것이다. 구조의 안전을 확인하기 위해 재건축 후 통나무 방책을 두어야 했다. 1년 이상 지난 후에 비로소 출입구를 내고 창을 설치했다.

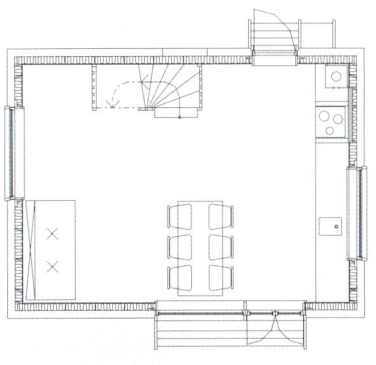

1층

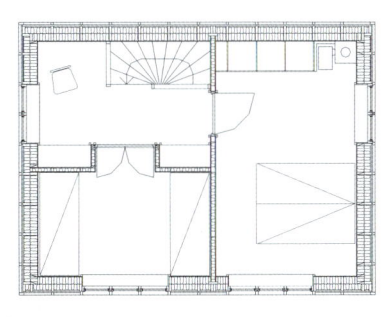

2층

맺는말: 무대가 있으니 누군가는 올라야 한다

빌라 난베르가는 기술문명을 멀리하고자 하는 사람을 위한 집이다. 수도와 냉장고가 없고 가스레인지를 쓴다. 어둠이 깔리면 양초가 집 안을 밝힌다.

맺는말: 무대가 있으니 누군가는 올라야 한다

부록

건축가 및 디자이너 주소

Erik Andersson Architects
John Ericssonsgatan 7
SE-112 22 Stockholm
www.erikandersson.se

Gustav Appell Arkitektkontor AB
Vanadisvägen 24
SE-113 46 Stockholm
www.gustavappell.se

Ake Axelsson Arkitektkontor AB
Box 34
SE-18 521 Vaxholm
www.akeaxelsson.com

Mathieu Challiéres
8 passage Brulon
F-75012 Paris
www.challieres.com

CLAESSON KOIVISTO RUNE
Östgötagatan 50
SE-116 64 Stockholm
www.claessonkoivistorune.se

ELDING OSCARSON
Hammarby fabriksväg 43 plan 6
SE-120 33 Stockholm
www.eldingoscarson.com

Equator European Architects
Kungsgatan 18, 3tr
SE-111 83 Stockholm
www.equator-europe.com

General Architecture Sweden AB
Vanadisvägen 24
SE-113 46 Stockholm
www.generalarchitecture.se

Kjellander + Sjöberg
Repslagargatan 15 A
SE-118 46 Stockholm
www.ksark.se

Koncept Stockholm AB
Hanna & Daniel Wengelin
SE-114 34 Stockholm
www.koncept.se

Landström Arkitekter AB
Alsnögatan 12
SE-116 41 Stockholm
www.landstrom.se

LLP Arkitektkontor AB
Fiskargatan 9
SE-116 20 Stockholm
www.llp.se

sandell sandberg
Östermalmsgatan 26 A
SE-114 26 Stockholm
www.sandellsandberg.se

smog studio HB
Kristianstadsgatan 39 B
SE-214 35 Malmö
www.smogstudio.com

THAM & VIDEGARD ARKITEKTER
Blekingegatan 46
SE-116 62 Stockholm
www.tvark.se

Waldemarson Berglund
Skeppargatan 18
SE-11452 Stockholm
www.wbarkitekter.se

생산자 및 관계자, 박물관 주소

Alvar Aalto
Artek AB
Lönnrotinkatu 7
FI-00120 Helsinki
www.artek.fi

Alvar. Aalto. Museum
Alvar Aallon katu 7
PL461
FI-40101 Jyväskylä
www.alvaraalto.fi

AiAiAi
AIAIAI ApS
Studiestraede 31
DK-1455 Copenhagen K
www.aiaiai.dk

Ake Axelsson
Gärsnäs
Malmövägen 16-18
SE-272 03 Gärsnäs
www.garsnas.se

Harry Bertoia
Knoll International Ltd
1 Lindsey Street
East Market, Smithfield
UK-London EC1A9PQ
www.knoll-int.com

Jonas Bohlin
Klong Intermestic AB
Dalenum 17
SE-181 70 Lidingö
www.klong.se

Achille Castiglioni
FLOS SPA
Via A. Faini 2
1-25073 Bovezzo (Brescia)
www.flos.com

Studio Museum Achille Castiglioni
Piazza Castelle. 27
1-20121Milano
www.achillecastiglioni.it

Mathieu Challiéres
Conran
22 Shad Thames
UK-London SE1 2YU
www.conran.com

Charles & Ray Eames
Vitra GmbH
Charles-Eames-Straße 2
D-79576 Weil am Rhein
www.vitra.com

Eilersen
N. Eilersen a/s
Fabriksvej 2
DK-5485 Skamby
www.eilersen.eu

Focus Creation
Focus - Atelier Dominique Imbert
Le Fort
F-34380 Viols-le-Fort
www.focus-creation.com

Gubi
www.gubi.dk

Hay
BS Studio A/S
Havnen 1
DK-8700 Horsens
www.hay.dk

Piet Hein A/S
Mandalvaenget 5
DK-5500 Middelfart
www.piethein.com

Poul Henningsen
Targetti Poulsen Germany
Kaistraße 20
D-40221 Düsseldorf
www.louispoulsen.com

Arne Jacobsen

조명:

Targetti Poulsen (Poul Henningsen 참고)

가구:

Republic of Fritz Hansen

Allerødvej 8

DK-3450 Allerød

www.fritzhansen.com

Finn Juhl

Onecollection A/S

Vesteried 19

DK-6950 Ringkøbing

www.onecollection.com

박물관:

Finn Juhls Haus

Ordrupgaard

Vilvordevej 110

DK-2920 Charlottenlund

www.ordrupgaard.dk

Kasthall

Kasthall Mattor & Golv AB

Fritslavägen 42

SE-511 23 Kinna

www.kasthall.com

KiBiSi

Nørrebrogade 66 D

DK-2200 Copenhagen N

www.kibisi.com

Poul Kjaerholm

Fritz Hansen (Arne Jacobsen 참고)

Seppo Koho

Secto Design Oy

Sinikalliontie 4

FI-02630 Espoo

www.sectodesign.fi

Komplot Design

Poul Christiansen - Design Studio

Klosterstraede 13

DK-1157 Copenhagen K

www.komplot.dk

Michele de Lucchi

Artemide S.p.A.

Corso Monforte, 19

I-20122 Milano (MI)

www.artemide.com

Carl Malmsten

Malmstenbutiken

Strandvägen 5b

SE-114 51 Stockholm

www.malmsten.se

Bruno Mathsson

Fritz Hansen (Arne Jacobsen 참고)

Bruno Mathsson International AB

Box 703

SE-331 27 Värnamo

www.mathsson.se

박물관:

Bruno Mathsson Center

Tånnögatan 17

SE-331 27 Värnamo

Børge Mogensen

Fredericia Furniture A/S

Treldevej 183

DK-7000 Fredericia

www.fredericia.com

NUD Collection

Fristad Industri AB

Lightcity

SE-513 33 Fristad

www.nudcollection.com

Verner Panton

Vitra GmbH

(Charles & Ray Eames 참고)

Ingegerd Råman
Skrufs Glasbruk AB
Kajvägen 4
SE-360 53 Skruv
www.skrufsglasbruk.se

Eero Saarinen
Knoll (Harry Bertoia 참고)

Christine Schwarzer
Swedese Möbler
Formvägen
Box 156
SE-567 23 Vaggeryd
www.swedese.se

Skeppshult
Skeppshultcykeln AB
Storgatan 78
SE-333 93 Skeppshult
www.skeppshult.se

Nils & Kajsa Strinning
String Furniture AB
Grimsbygatan 24
SE-211 20 Malmö
www.string.se

Tiogruppen
10-Gruppen/Ten Swedish Designers AB
Götgatan 25
SE-116 46 Stockholm
www.tiogruppen.com

Hans J. Wegner
Carl Hansen & Søn A/S
Holmevaenget 8
DK-5560 Aarup
www.carlhansen.com

인테리어 가구 및 소품 출처

8–11쪽 모두 브루노 마트손 작

8쪽 의자: 에바

9쪽 의자: 젯슨66, 페르닐라 / 책장: 미1050

13쪽 의자: 알바 알토, 406 / 테이블: 알바 알토, 901

14쪽 의자: 폴 키에르홀름, PK22 / 테이블: 폴 키에르홀름 PK61 / 테이블 조명: 장 루이 도메크, 시그널(지엘드 램프)

15쪽 왼쪽 의자: 알바 알토, 파이미오41 / 오른쪽 의자: 브루노 마트손, 에바 / 조명: 폴 헤닝센, PH램프

16쪽 모두 아르네 야콥센 작. 의자: 계란의자 / 소파: 시리즈3300 / 식탁의자: 시리즈7 중에서 3107

27–28쪽 의자들: 보르게 모겐센, 스페인 의자

28–29쪽 의자들: 찰스&레이 임스, 플라스틱 사이드 체어

35쪽 의자들: 아르네 야콥센, 개미의자 / 식탁조명: 폴 헤닝센, PH스노우볼

40쪽 소파 앞 커피테이블: 토마스 벤젠(헤이), OLM

42–43쪽 의자들: 한스 베그너, Y체어(CH24 혹은 위시본체어)

44쪽 곡선의자: 브루노 마트손, 페르닐라

45쪽 접이식 탁자: 브루노 마트손

46쪽 식탁: 브루노 마트손, 아르네 야콥센, 피에트 하인의 합작품, 슈퍼 타원형 테이블

60–65쪽 모두 핀 율 작

60쪽 위: 접이식 사이드보드 테이블(기본원형) / 아래 의자: BO62

62쪽 소파: 더 포잇

63쪽 의자: 46

70쪽 소파: 한스 베그너, 제니스(아일러센)

70–71쪽 의자들: 아르네 야콥센, 시리즈7 중에서 3170 / 식탁: 브루노 마트손, 아르네 야콥센, 피에트 하인의 합작품, 슈퍼 타원형 테이블

75쪽 의자들: 한스 베그너, Y체어(CH24 혹은 위시본체어) / 식탁: 한스 베그너, CH327

79쪽과 81쪽 에로 사리넨, 튤립의자와 테이블

81–82쪽 안락의자: 한스 베그너, CH445 윙체어

83쪽 소파: 아일러센 / 의자: 찰스&레이 임스, 플라스틱 사이드 체어

90–93쪽 식당 가구: 보르겐 모겐센

93–94쪽 철사의자: 해리 베르토이아, 베르토이아 사이드 체어

97쪽 난로: 포커스 크리에이션

99쪽과 101쪽 의자: 알바 알토, 파이미오41

100쪽 알바 알토, 체어66과 식탁

110쪽 의자: 카를 말름스텐, 릴라 올란드

111쪽 식탁조명: 요나스 볼린, 리브

119쪽 식탁조명: 폴 헤닝센, PH램프 / 소파조명: 세포 코호, 옥토4240 / 커피테이블: 크리스티네 슈바르처, 플라워 / 의자: 알바 알토, 406

121쪽 커피테이블: 토마스 벤젠(헤이), OLM

122쪽 스탠드 램프: 아킬레 카스틸리오니, 토이오 / 새장 모양의 조명: 미티유 샬리에르, 새장2

124–125쪽 식탁: 브루노 마트손, 아르네 야콥센, 피에트 하인의 합작품, 슈퍼 타원형 테이블 / 의자들: 아르네 야콥센, 개미의자 / 식탁조명: 요나스 볼린, 리브

127쪽 의자: 폴 키에르홀름, PK22

133쪽 한스 베그너, Y체어(CH24 혹은 위시본체어)

136쪽 에로 사리넨, 튤립의자와 테이블

137쪽 패브릭 패턴: 티오그루펜(디자인: 잉겔라 호칸손) / 카펫: 굴리나 라그헴 울베르그

138쪽 의자(왼쪽): 헤이, 노바디 체어 / 의자(오른쪽): 베르너 팬톤, 팬톤 체어

139쪽 안락의자: 아르네 야콥센, 계란의자

141쪽 선반: 닐스&캬사 스트리닝, 스트링

143쪽 의자(왼쪽): 아케 악셀손, 우드 / 의자(오른쪽): 비야케 잉겔스, 예페 하인 합작품, 상하이 체어

144쪽 유리제품: 잉게게르드 로만

145쪽 조명: NUD

146쪽 자전거: 스켑스훌트

147쪽 헤드폰: KiBiSi/AiAiAi

사진 출처

다음을 제외한 이 책의 모든 사진은 사진작가 오케 에손 린드만이 촬영한 것이다

13쪽 카이 린드퀴스트/아르텍 Kai Lindquist/Artek

14쪽 더 리퍼블릭 오브 프리츠 한센 The Republic of Fritz Hansen

15쪽(왼쪽) 마로 멜란더/아르텍 Maro Melander/Artek

15쪽(위) 루이스 폴센 라이팅 A/S Louis Poulsen Lighting A/S

15쪽(오른쪽 아래) 브루노 마트손 인터네셔널 Bruno Mathsson International

16쪽 더 리퍼블릭 오브 프리츠 한센 The Republic of Fritz Hansen

44–46쪽 브루노 마트손 인터네셔널 Bruno Mathsson International

133쪽(왼쪽) 욘 슈타인펠트 Jon Steinfeld

135쪽 욘 슈타인펠트 Jon Steinfeld

137쪽 잉겔라 호칸손/티오 그루펜 Ingela Hakansson/Tio Gruppen

138쪽(왼쪽) 헤이 디자인 스튜디오 HAY Design Studio

138쪽(오른쪽) 비트라 vitra

139쪽 더 리퍼블릭 오브 프리츠 한센 The Republic of Fritz Hansen

141쪽 스트링 퍼니쳐 AB String Furniture AB

143쪽(왼쪽) 레나르트 두레헤드/게르스네스 Lennart Durehed/Gärsnäs

143쪽(오른쪽) 헤이 디자인 스튜디오 HAY Design Studio

144쪽 스크루프스 글라스부르크 Skrufs Glasbruk

145쪽(왼쪽) NUD Design AB

146쪽(오른쪽) 스켑스훌트씨켈른 AB Skeppshultcykeln AB

147쪽 AIAIAI ApS

149–151쪽 펠릭스 오델 Felix Odell

152–153쪽 미카엘 올손 Mikael Olsson

Ein Haus im Norden by Thomas Steinfeld, Jon Steinfeld
ⓒ 2013 by Deutsche Verlags-Anstalt
a division of Verlagsgruppe Random House GmbH, München, Germany.
All rights reserved.
Korean translation edition ⓒ 2013 Hans Media.
Published by arrangement through Orange Agency, Seoul.

이 책의 한국어판 저작권은 오렌지에이전시를 통한 저작권자와의 독점 계약으로 한스미디어에 있습니다.
저작권법에 의하여 한국 내에서 보호를 받는 저작물이므로 무단 전재와 무단 복제를 금합니다.

북유럽의 집

1판 1쇄 발행 | 2013년 6월 14일
1판 4쇄 발행 | 2021년 4월 12일

지은이 토마스 슈타인펠트, 욘 슈타인펠트
옮긴이 배명자
펴낸이 김기옥

실용본부장 박재성
편집 실용1팀 박인애
영업 김선주
커뮤니케이션 플래너 서지운
지원 고광현, 김형식, 임민진

디자인 형태와내용사이
인쇄·제본 민언 프린텍

펴낸곳 한스미디어(한즈미디어(주))
주소 121-839 서울시 마포구 양화로11길 13(서교동, 강원빌딩 5층)
전화 02-707-0337 | 팩스 02-707-0198 | 홈페이지 www.hansmedia.com
출판신고번호 제 313-2003-227호 | 신고일자 2003년 6월 25일

ISBN 978-89-5975-544-8 13610

책값은 뒤표지에 있습니다.
잘못 만들어진 책은 구입하신 서점에서 교환해 드립니다.